PHP erlernen – schnell, effektiv und ergebnisorientiert!

PHP für Einsteiger in 10 Lektionen

PHP

für Einsteiger
in 10 Lektionen

Rainer Kolbeck

Dieses Buch wurde mit größter Sorgfalt erstellt. Trotzdem können Fehler nicht gänzlich ausgeschlossen werden. Daher kann weder der Verlag noch der Autor für mögliche fehlerhafte Angaben und deren Folgen eine juristische Verantwortung oder irgendeine Haftung anderer Art übernehmen.

Für Verbesserungsvorschläge und Hinweise auf eventuelle Fehler ist der Autor sehr dankbar.

Bibliografische Information der Deutschen Nationalbibliothek:
Die Deutsche Nationalbibliothek verzeichnet diese Publikation in der Deutschen Nationalbibliografie; detaillierte bibliografische Daten sind im Internet über http://dnb.dnb.de abrufbar.

© 2021 Rainer Kolbeck
www.lernen-merken-wissen.de

Herstellung und Verlag: BoD – Books on Demand, Norderstedt

ISBN: 978-3-7526-2274-4

Inhalt

Inhalt..5

Vorwort..11

Überblick und Einleitung 15

Lektion 1 – Vorbereitung..19

Einführung 19

Download und Installation von Apache mit PHP und MySQL 19

Starten und Nutzen von Apache..20

Einsatz eines geeigneten Editors – *WeaverSlave* 21

Aufgabe 22

Lektion 2 – Programmstruktur..25

Die Grundstruktur...25

Die Struktur eines PHP-Dokuments 25

Kommentare 26

Externe Skripte einbinden 27

include 27

include_once 27

require 28

require_once 28

Fragen...29

Lektion 3 – Ausgabeanweisungen 33

echo 33

print 34

HTML-Tags in Ausgabeanweisungen 34

Escape-Sequenzen...34

Funktionen für die Datenausgabe 35

Fragen...36

Lektion 4 – Konstanten **39**

Grundlegendes 39

Definition, Konvention und Gültigkeit 39

Benutzerdefinierte Konstanten 39

Literalkonstanten 40

Vordefinierte Konstanten 40

Magische Konstanten 40

Fragen 41

Aufgabe 42

Lektion 5 – Variablen **45**

Grundlegendes 45

Definition, Konvention und Gültigkeit 45

Einfache und doppelte Anführungszeichen bei Variablen 46

Variablenreferenzen 46

Arrays 46

    Assoziatives Array 47

Variable Variablen 48

Externe Variablen 48

Übergabe von Variablen per Link 50

Vordefinierte Variablen 50

Variableninhalte ansehen 50

Fragen 51

Lektion 6 – Datentypen **55**

Skalare Typen 55

    Boolean 55

    Integer 55

    Fließkomma-Zahl 55

    Zeichenkette (String) 56

Zusammengesetzte Typen 56

Array 56

Objekt 57

Callable 57

Iterable 57

Spezielle Datentypen 57

Ressource 57

NULL 57

Type-Casting 57

Fragen 58

Lektion 7 – Kontrollstrukturen **61**

Grundlegendes 61

Bedingte Programmausführung 61

Die Entscheidungskonstrukte 61

Die `if`-Anweisung 61

Die `else`-Anweisung 62

Die `elseif`- bzw. `else if`-Anweisung 62

Die switch-Anweisung 63

Fragen 64

Aufgabe 64

Lektion 8 – Schleifen **67**

Grundlegendes 67

Die for-Schleife 67

Die foreach-Schleife (nur Arrays und Objekte) 68

Die while-Schleife 69

Die do-while-Schleife 69

Kontrollstrukturen und Schleifen steuern 70

break 70

Die continue-Anweisung 71

goto 71

return 71

Fragen 72

Aufgaben 72

Lektion 9 – Funktionen..**77**

Grundlegendes...77

   Funktionsbezeichner 77

Rückgabe des Funktionsergebnisses.............................78

Übergabe von Parametern...79

Optionale Parameter (mit Vorgabewert)........................80

Variable Anzahl von Parametern 81

Parameter als Verweise übergeben 81

Aufgaben 83

Lektion 10 – Serverinstallation **87**

Installation eines FTP-Clients 87

Übertragen der Skripte 89

Abschluss 90

Anhang I – Good Practice **91**

Anhang II – Operatoren..**93**

Anhang III – Vordefinierte Konstanten..........................**95**

Magische Konstanten 99

Anhang IV – Vordefinierte Variablen **101**

Anhang V – Daten-Typen...**103**

Typfestlegung bei Funktionsparametern 103

Typfestlegung bei Datenausgabe.................................104

Typfestlegung bei Vergleichen......................................104

Funktionen zum Testen von Variablentypen 104

Lösungen zu den Fragen der Lektionen **105**

Index **107**

EINLEITUNG

Vorwort

Dieses Buch wendet sich an alle, die schnell PHP lernen und anwenden möchten. Sie werden hier alles erfahren, was Sie wissen müssen, um erfolgreich mit PHP zu programmieren. Ich habe hier ein Werk zusammengestellt, das sich auf das Wesentliche konzentriert, ohne viel Schnörkel und mit Schwerpunkt auf die Praxis. Die erste Wahl für alle, bei denen das Erlernen von PHP auf der To-do-Liste steht.

Wenn auch Sie die Standardsprache des Webs erlernen und sich mit ihrer Nutzung und ihrem Einsatz vertraut machen wollen, dann bekommen Sie mit diesem Buch ein Rundumpaket. Es wird alles erklärt, vom ersten Schritt bis hin zur Installation der Skripte auf dem Server.

Wenn Sie alle Lektionen dieses Werkes durchgearbeitet haben, können Sie problemlos eigene PHP-Skripte erstellen, grundlegend verstehen und zielführend einsetzen. Als Voraussetzung dafür, dass Sie schnell erfolgreich sind, sollte Ihnen der Umgang mit dem Computer nicht fremd sein und Sie sollten primäre Kenntnisse des Betriebssystems, wie Erstellen, Löschen von Dateien und Ordnern etc., mitbringen. Sie sollten auch wissen, wie man ein Programm installiert und wie man damit arbeitet. Überdies sind grundlegende HTML-Kenntnisse von Vorteil, für die Arbeit mit diesem Buch allerdings nicht notwendig.

Es ist nicht erforderlich, dass Sie bereits über Programmierkenntnisse verfügen. Die notwendigen Fähigkeiten wird Ihnen dieses Werk vermitteln!

Wenn Sie mit dem Lernen beginnen, ist es zunächst wichtig, dass eine theoretische Basis aufgebaut wird – aber keine Angst: Es wird nicht allzu trocken. Alles wird mit kleinen Beispielen verdeutlicht und verständlich erklärt. Außerdem helfen Ihnen die Fragen und Aufgaben am Ende jeder Lektion, das Gelernte praktisch zu vertiefen.

Dieses Buch erklärt Ihnen alles, was Sie zum Einstieg und zur grundlegenden Arbeit mit PHP wissen müssen. Die objektorientierte Programmierung mit PHP gehört zur eher fortschrittlichen Programmierung und soll daher in einem folgenden Werk ausführlich Erwähnung finden.

Ganz wichtig für Ihren Erfolg ist außerdem, dass Sie sich die Zeit nehmen, jede Lektion vollständig zu lesen und vor allem auch die Beispiele zu verstehen und selbst auszuprobieren. Meine langjährige Erfahrung als Trainer und Online-Dozent in der Erwachsenenbildung hat mir gezeigt und immer wieder bestätigt, dass wirklich nur die Übung die „Meisterin" bzw. den „Meister" macht.

Wenn Sie sich das Lernen erleichtern und noch einfacher machen möchten, dann kann ich Ihnen den PHP-Video-Kurs empfehlen. Sie finden ihn auf der Website www.lernen-merken-wissen.de. Die Inhalte dieses Buches werden durch diesen Video-Lehrgang perfekt ergänzt!

Ich wünsche Ihnen viel Freude am Lernen und vor allem viel Erfolg bei Ihren künftigen PHP-Entwicklungen.

Rainer Kolbeck

Zwickau im Januar 2021

EINFÜHRUNG

Überblick und Einleitung

In dieser kurzen Einführung sollen Sie einen Überblick über den Inhalt und das Ziel dieses Buches bekommen. Die einzelnen Kapitel sind so aufgeteilt, dass Sie Schritt für Schritt und logisch nachvollziehbar Ihr Wissen über PHP entwickeln können.

Denn Programmieren bedeutet, den Überblick über das große Ganze (Problem) zu haben (oder zu bekommen), es in logische, kleine Schritte aufzuteilen und es in ebensolchen zu lösen. Programmieren bedeutet, Algorithmen zu entwickeln, die zur Lösung führen.

Lektion 1

In Lektion 1 dieses Buches wird beschrieben und aufgezeigt, wie Sie eine geeignete Arbeitsumgebung auf Ihrem Windows-Computer einrichten und was Sie dazu benötigen, damit Sie erfolgreich mit dem Programmieren beginnen können.

Lektion 2

Beim Entwickeln eines Programmes ist es erforderlich, sich an vorgegebene Regeln, die Syntax, zu halten. Deshalb erfahren Sie in der zweiten Lektion erst einmal, wie die Grundstruktur eines PHP-Programmes aussieht, wie Sie mühelos Ihr erstes Programm erstellen können und wie es aufgebaut wird.

Lektion 3

In Lektion 3 geht es damit weiter, einfache Textinformationen auf dem Bildschirm auszugeben. Sie erfahren und lernen, welche Möglichkeiten PHP hierfür zur Verfügung stellt, wie diese gehandhabt werden und was es dabei zu beachten gibt.

Lektion 4 & Lektion 5

Ein Programm arbeitet gewöhnlich nicht zum Selbstzweck, vielmehr dient es dazu, Daten zu verarbeiten. Diese Daten bzw. Datenstrukturen sind ebenso wichtig wie die Algorithmen, die Sie als Programmierer formen. Was Daten sind und wie Sie damit umgehen können, erfahren Sie ab

Lektion 4. Eine wichtige Rolle bei der Datenverarbeitung spielen sog. Arrays. Diese Art der Datenstruktur ist gerade bei PHP sehr flexibel und vielseitig nutzbar. Besonders darüber werden Sie in Lektion 5 mehr lesen.

Lektion 6

Im Gegensatz zu Programmiersprachen wie Java, C++ oder Pascal ist es bei PHP nicht erforderlich, bei der Definition von Daten einen Typ zu bestimmen. Man bezeichnet PHP deshalb auch als schwach typisiert. Daten werden in Konstanten und Variablen gespeichert und bei der Definition wird der Typ automatisch festgelegt. Dennoch gibt es Situationen, in denen man sich als Programmierer mit den Datentypen auseinandersetzen muss. Einen Überblick dazu bekommen Sie in Kapitel 6. Auf den Typ Array wird ebenfalls noch einmal eingegangen.

Lektion 7 & Lektion 8

In Lektion 7 werden Kontrollstrukturen besprochen, denn keine Programmiersprache kommt ohne sie aus. Das sind Anweisungen in einem Programm, mit denen sich der Ablauf steuern lässt. Sie dienen dazu, ein Problem übersichtlich und strukturiert zu formulieren. Nach dem Prinzip: **Wenn > Dann**. Diese wichtigen Kontrollelemente bei der Programmierung bieten Möglichkeiten, Entscheidungen zu treffen. Dies beginnt bei der If-Anweisung bis hin zu Schleifen in Lektion 8.

Lektion 9

Wie bereits zu Beginn dieses Abschnitts erwähnt, bedeutet Programmieren vor allem, ein Problem in kleine Teile aufzulösen. Das wird bei PHP u. a. durch Funktionen unterstützt. In Lektion 9 erfahren Sie, welche Regeln und Möglichkeiten beim Erstellen dieser Unterprogramme zu berücksichtigen sind und wie sie eingesetzt werden. Nach Abschluss dieser Lektion wissen Sie alles, was notwendig ist, um eigene Server-Projekte mit PHP zu realisieren.

Lektion 10

Das Buch wird mit Lektion 10 perfekt abgerundet, denn dort erfahren Sie, wie Sie Ihr Skript auf den Server übertragen, installieren und dort zum Laufen bringen, damit es im Web verfügbar ist.

LEKTION 1 – VORBEREITUNG

Lektion 1 – Vorbereitung

Einführung

PHP steht für das rekursive Akronym **P**HP: **H**ypertext **P**reprozessor, eine Skriptsprache, mit der man Programme schreibt, die auf einem Webserver laufen. Um ein Skript während der Erstellung zu testen, könnte man es nach jeder Änderung an den entfernten Server im Internet übertragen, um es dort auszuführen. Dies ist jedoch aufwendig und kostet Zeit. Einfacher geht es, wenn man den Webserver lokal, also auf dem eigenen Rechner installiert. Das erspart es, die Skripte zum Testen immer wieder auf den Server im Internet zu übertragen.

Zur Installation eines Webservers auf dem lokalen Rechner gibt es verschiedene Ansätze. Recht einfach ist der Einsatz des Software-Pakets XAMPP, dieses beinhaltet einen vollständigen Webserver (Apache) mit PHP und MySQL. Ein sehr gut funktionierendes System und außerdem noch völlig kostenfrei.

Download und Installation von Apache mit PHP und MySQL

Das Softwarepaket XAMPP ist Open-Source und kann an der Adresse https://www.apachefriends.org/de/index.html heruntergeladen werden. Nach dem Start des Installationsprogrammes wird der Webserver samt PHP und dem relationalen Datenbanksystem MariaDB bzw. MySQL installiert. Nach abgeschlossener Installation lässt sich über das XAMPP-Control Panel der Apache-Server und ggf. weitere Module, wie z. B. MySQL starten:

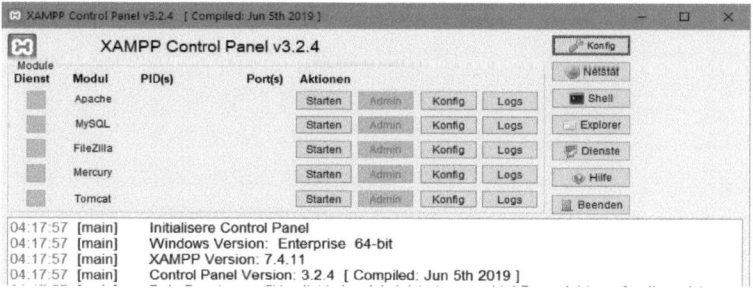

Abbildung 1: XAMPP-Console gestartet

Starten und Nutzen von Apache

Klicken Sie in der XAMPP-Steuerkonsole neben der Bezeichnung des entsprechenden Moduls (Apache) auf die Schaltfläche STARTEN und warten Sie, bis der Modulname grün hinterlegt angezeigt wird. Dann ist der Server einsatzbereit.

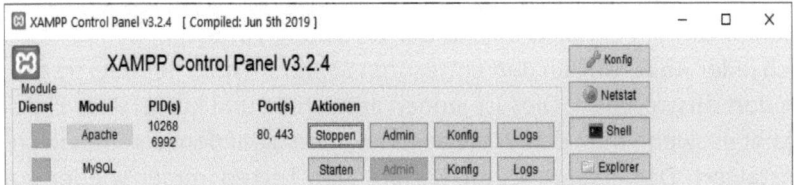

Abbildung 2: Apache ist gestartet

Um zu prüfen, ob XAMPP korrekt eingerichtet ist, starten Sie erst den Apache-Server, dann Ihren Browser und geben Sie dort in der Adresszeile `localhost` ein. Im Browser wird dann folgendes Dokument angezeigt:

Abbildung 3: Startseite von XAMPP

Wenn Sie die Adresse `localhost` anwählen, wird von dort die Datei `Index.html` geladen. Sie befindet sich auf Ihrem Rechner in dem Verzeichnis /htdocs (relativ zu dem Installationsverzeichnis von XAMPP).

Dies ist die Standardeinstellung, um dieses Verzeichnis zu überprüfen oder ggf. zu ändern. Bearbeiten Sie die Datei **httpd.conf**, indem Sie in der XAMPP-Steuerkonsole auf die Schaltfläche Konfig klicken, und suchen Sie nach der Einstellung **DocumentRoot**. Dort finden Sie die entsprechende Einstellung. Der Pfad kann hier auch nach Belieben angepasst werden:

```
# DocumentRoot: The directory out of which you will serve your
# documents. By default, all requests are taken from this directory, but
# symbolic links and aliases may be used to point to other locations.
#
DocumentRoot "C:/Portable/Apps/XAMPP/htdocs"
```

In dem Verzeichnis, das als `DocumentRoot` angegeben ist, müssen alle HTML- und PHP-Dateien gespeichert werden, um sie mit dem Browser an der Adresse `localhost` (siehe Abbildung 3) abrufen zu können.

 Um den Apache-Server wieder zu beenden, stoppen Sie zunächst alle anderen laufenden Module, indem Sie auf die entsprechende Schaltfläche Stoppen klicken. Beenden Sie erst dann die XAMPP-Steuerkonsole.

Einsatz eines geeigneten Editors – *WeaverSlave*

Ein PHP-Programm zu erstellen und zu testen ist mit jedem beliebigen Editor möglich. Es gibt viele nützliche Programme, die auch umsonst zu bekommen sind. Vielleicht haben Sie schon einen Favoriten, wenn nicht, möchte ich Ihnen an dieser Stelle *WeaverSlave* empfehlen. Mit dem arbeite ich selbst und bin sehr zufrieden. Der Editor hat zwar schon einige Jahre auf dem Buckel, aber er ist kostenlos, hat PHP-Highlighting und einiges mehr, was die Arbeit erleichtert. Er kann schnell, einfach, bequem und virengeprüft von der Seite des Heise-Verlags heruntergeladen werden: https://www.heise.de/download/product/weaverslave-7062

Laden Sie sich vom oben angegebenen Link das Installationsprogramm herunter und installieren Sie das Programm *WeaverSlave*.

Im Menü OPTIONEN können Sie noch diverse Anpassungen vornehmen, grundsätzlich sind jedoch die Standardvorgaben passend.

Normalerweise ist der Editor auch schon für alle passenden Dateiendungen (.php etc.) voreingestellt. Sollte das nicht funktionieren bzw. wenn Sie dies ändern/erweitern möchten, können Sie die Anpassung an die Dateiendungen über die Einstellungen des Standardprogramms mit Windows durchführen.

Abbildung 4: Standardprogramm anpassen

 Aufgabe

1. Wenn Sie *WeaverSlave* oder einen anderen Lieblingseditor installiert haben, dann geht es los!
Erstellen Sie ein Dokument und schreiben Sie die erste Zeile `<h1>hello World...</h1>`. Speichern Sie die Datei in dem XAMPP-Verzeichnis **htdocs** als `test.htm` ab. Starten Sie ggf. XAMPP und Apache und geben Sie nun im Browser die Adresse **localhost/test.htm** ein.

Wenn Sie alles richtig gemacht haben, ist der Text **hello World** in Ihrem Browser lesbar!

Die Welt begrüßt Sie und auch ich, willkommen in der Welt von PHP!

LEKTION 2 – PROGRAMMSTRUKTUR

Lektion 2 – Programmstruktur

Die Grundstruktur

Die Skriptsprache PHP dient dazu, Webseiten dynamisch zu gestalten. Während clientseitige Sprachen wie HTML, CSS oder JavaScript vom Webbrowser interpretiert werden, ist PHP eine serverseitig interpretierte Skriptsprache. Konsequenterweise läuft der PHP-Interpreter daher auf dem gleichen Rechner wie der Webserver. So ist es auch nicht weiter erstaunlich, dass PHP-Code in einem HTML-Dokument eingebettet wird.

Damit der eingebettete PHP-Code auch als solcher ausgeführt werden kann, muss der Webserver den HTML- und PHP-Code erkennen und unterscheiden können. Dies geschieht einerseits mithilfe der Dateiendung des entsprechenden Dokuments, denn anstatt der sonst üblichen Endung .html wird für Web-Dokumente, die PHP-Anweisungen enthalten, die Endung .php genutzt. Dadurch ist außerdem gewährleistet, dass der Webserver nicht jedes HTML-Dokument scannen muss, um zu prüfen, ob es eventuell PHP enthält. Dies spart Zeit und Ressourcen. Hat ein Dokument die Endung .htm oder .html und enthält PHP, wird der PHP-Code deshalb nicht interpretiert und ausgeführt, sondern einfach als Text ausgegeben.

 Hinweis: Groß- und Kleinschreibung wird beim Dateinamen auf dem Webserver (nicht unter Windows) unterschieden!

Die Struktur eines PHP-Dokuments

Ein Dokument kann PHP-Code und gleichzeitig auch HTML beinhalten, muss aber die Endung .php haben, um als PHP-Dokument erkannt zu werden. Damit der Webserver in der Lage ist zu unterscheiden, was im Dokument HTML und was PHP ist, wird der PHP-Code zwischen zwei spezielle Tags geschrieben, Groß- und Kleinschreibung wird nicht beachtet:

```
<?php
  Anweisung1; // hier steht der Code
?>
```

Der PHP-Code zwischen den Tags enthält beliebige Anweisungen, sie werden vom Interpreter von oben nach unten abgearbeitet (top-down).

Vor oder nach den PHP-Tags (`<?php …?>`), also zwischen dem PHP-Code, können sich beliebige HTML-Tags befinden und ggf. innerhalb weiterer PHP-Abschnitte erneut PHP-Code.

 Hinweis: Gibt es in einem HTML-Dokument mehrere PHP-Abschnitte, können sich Daten und Code aus diesen Abschnitten gegenseitig referenzieren.

Kommentare

Neben Daten und Code kann ein PHP-Skript noch weitere relevante Informationen enthalten, nämlich Kommentare. Dabei handelt es sich um Informationen zum Skript, die vor allem für den Programmierer wichtig und kein Programmcode sind. Deshalb werden sie vom PHP-Interpreter einfach ignoriert. Kommentare sind in einem Programm deswegen von großer Bedeutung. Sie gewährleisten, dass auch zu einem späteren Zeitpunkt nachvollziehbar bleibt, was, wie und warum ge-coded wurde. Unerlässlich sind Kommentare daher vor allem bei Teamarbeit.

PHP bietet zwei Möglichkeiten, Kommentar in ein Programm einzubetten.

1. Mit zwei Schrägstrichen // kennzeichnet man Text als Kommentar, der in der gleichen Zeile danach folgt:

```
//der Kommentar wird üblicherweise vor, daneben
//oder nach Anweisungen in den Code geschrieben

echo "hello world";   // mit dem Befehl echo erfolgt die
                      // Ausgabe auf dem Bildschirm
```

2. Erstreckt sich der Kommentar über mehrere Zeilen, wird er zwischen die beiden Tags /* und */ eingeschlossen. Alles, was sich innerhalb dieser Kennzeichnung befindet, wird als Kommentar gewertet.

```
<?php
/*
Alles zwischen diesen Tags wird ignoriert, denn es wird als
Kommentar interpretiert, auch dieser code hier:
    function test(){
        echo "hello world";}
*/
  echo "hello world!";
?>
```

Externe Skripte einbinden

Ein PHP-Programm muss nicht zwangsläufig nur aus einem einzelnen Dokument bestehen, im Gegenteil. Manchmal ist es sogar sinnvoll, beispielsweise aus Gründen der Übersichtlichkeit, ein Programm in mehrere Dokumente aufzuteilen. Um dies zu ermöglichen, stehen verschiedene Anweisungen zur Verfügung:

Mit den nachfolgend beschriebenen Anweisungen kann während des Programmlaufs PHP-Code aus einer Datei an einer beliebigen Stelle in das aktuelle Skript eingebunden und genutzt werden. Die Programmausführung wird dann dort fortgeführt, wo der Code aus der eingebundenen Datei beginnt:

```php
<?php

include 'globals.php';   // lädt aus Datei z. B. Variablen

/* Alles zwischen diesen Tags wird ignoriert, denn es wird
   als Kommentar interpretiert */
    function test(){
      echo "hello world";}

  echo "so geht es auch!";

?>
```

include

Mit der Anweisung include wird eine Datei von dem angegebenen Pfad geladen und ausgeführt. Ist kein Pfad angegeben oder wird die Datei dort nicht gefunden, wird im include_path gesucht. Die Syntax lautet:

```php
include 'mein_skript.php';
```

include_once

Die Anweisung include_once ist funktional identisch mit include. Der Unterschied besteht darin, dass mit include die gleiche Datei mehrmals, mit include_once nur einmal eingebunden werden kann.

Hinweis: Wird die bei `include` oder `include_once` angegebene Datei nicht gefunden, so meldet der Interpreter den Fehler **E_WARNING** und das Skript wird einfach weiter ausgeführt. Dies kann dann allerdings zu unvorhersehbaren Problemen und neuen Fehlern führen.

require

Die Anweisung `require` entspricht grundsätzlich der `include`-Anweisung, auch mit ihr wird eine Datei unter dem angegebenen Pfad eingebunden und ausgeführt. Ist kein Pfad angegeben oder wird die Datei dort nicht gefunden, wird im `include_path` gesucht. Der Unterschied in dem Verhalten zu `include` besteht darin, dass eine Fehlermeldung ausgegeben und das Skript beendet wird, wenn die einzubindende Datei nicht gefunden wird.

```
require 'mein_skript.php';
```

require_once

Die Anweisung `require_once` ist funktional identisch mit `require`. Der Unterschied besteht darin, dass mit `require` die gleiche Datei mehrmals, mit `require_once` nur einmal eingebunden werden kann.

Hinweis: Wird bei Verwendung von `require` oder `require_once` die angegebene Datei nicht gefunden, so meldet der Interpreter den Fehler **E_COMPILE_ERROR** und das Skript wird beendet.

Fragen

1. Woran erkennt der PHP-Interpreter/-Server, ob ein Dokument auf PHP-Code überprüft werden soll?

2. Woran erkennt der PHP-Interpreter, dass es sich bei den Anweisungen in einem Dokument um HTML handelt?

3. Kann sich zwischen dem Tag <html> und dem Tag </html> PHP-Code befinden?

4. Kann sich in einem PHP-Skript auch HTML-Code befinden?

5. Wo werden HTML-Anweisungen interpretiert?
   a. Auf dem Server, auf dem sich das HTML-Dokument befindet.
   b. In dem Browser der das HTML-Dokument lädt.
   c. Vom PHP-Interpreter, wenn sich in dem Dokument auch PHP-Code befindet.

6. Kann ein PHP-Programm aus mehreren Dokumenten bestehen?

7. Warum kann der Befehl include u. U. zu unvorhersehbaren Ergebnissen führen?

8. Ist der Dateiname _Testprogramm.PHP für ein PHP-Skript möglich?

9. In ein Skript wird ein weiteres Skript mittels require eingebunden. Es wird jedoch nicht gefunden. Was ist die Konsequenz?

LEKTION 3 – AUSGABEANWEISUNGEN

Lektion 3 – Ausgabeanweisungen

In den vorstehenden Beispielen wurde der Befehl `echo` immer wieder ohne besondere Erklärung verwendet. Dies soll nun an dieser Stelle nachgeholt werden. Ebenso wie der Befehl `print` dient `echo` dazu, Daten auf dem Bildschirm auszugeben. Groß- oder Kleinschreibung wird bei der Schreibweise von `echo` und `print` nicht beachtet. Traditionell aber werden diese Anweisungen immer klein geschrieben.

echo

Mit der Anweisung `echo` lassen sich beliebige Daten ausgeben. Mehrere Argumente können mit Komma getrennt übergeben werden:

```
echo 'Das ', 'ist ', 'ein ', 'ganzer ','Satz. ';
```

Oder bei Zeichenkettenverknüpfungen mit dem Punkt-Operator:

```
echo 'Das '.'ist '.'ein '.'ganzer '.'Satz ';
```

Es ist auch möglich und für die Ausgabe von Zeichenketten und numerischen Werten gleichzeitig auch notwendig, beide Konventionen zu mischen:

```
echo 'Das '.'Ergebnis '.'von '.'1+2 '.'= '.1+2; // Fehler!
echo 'Das '.'Ergebnis '.'von '.'1+2 '.'= ',1+2; // funktioniert!
```

Außerdem gibt es noch das sog. Short-echo-Tag. Für eine schnelle Ausgabe spart man sich die Angabe von `echo`:

```
<?= 'Das '.'Ergebnis '.'von '.'1+2 '.'= ',1+2; ?>
```

 Hinweis: Sie können einfache oder auch doppelte Anführungszeichen (Gänsefüßchen) bei der `echo`-Anweisung verwenden. Bei der Ausgabe normaler Texte gibt es dabei keinen Unterschied.

Es gibt allerdings gravierende Unterschiede zwischen einfachen und doppelten Anführungszeichen, wenn Sie in der `echo`-Anweisung Variablen verwenden (siehe Lektion 5).

print

Genauso wie mit `echo` ist es mit `print` möglich, Daten auszugeben. Der Hauptunterschied dieser beiden Anweisungen besteht darin, dass bei `print` **nicht** mehrere Argumente mit Komma getrennt übergeben werden können. Zur Verknüpfung von Zeichenketten (Strings) kann jedoch auch der Punkt-Operator genutzt werden.

```
print 'Das ','geht ','nicht ','<br>';
print 'Das '.'wird '.'funktionieren '.'<br>';
```

HTML-Tags in Ausgabeanweisungen

Neben der Ausgabe von Programmergebnissen wie Texten und Zahlen werden `echo` und `print` auch dazu eingesetzt, um HTML-Tags zu erstellen. Denken Sie daran: Wenn Sie mit echo etwas ausgeben, wird dies immer vom Browser interpretiert. Werden also HMTL-Tags ausgegeben, erkennt dies der Browser und „reagiert" darauf. Ein einfaches Beispiel:

```
echo "<h1>Das ist eine Überschrift</h1>";
```

Die Ausgabe im vorstehenden Beispiel beinhaltet HTML-Tags, die vom Browser erkannt und verarbeitet werden. Es wird eine Überschrift erster Ordnung erzeugt und der Text entsprechend dargestellt. Die `echo`-Anweisung ist im HTML-Quellcode natürlich nicht mehr vorhanden. So lassen sich mittels `echo`-Ausgabe komplette HTML-Dokumente dynamisch generieren.

Escape-Sequenzen

Escape-Sequenzen sind Zeichenkombination, die mit `echo` und `print` verwendet werden können. Sie repräsentieren jedoch keinen Text, sondern dienen dazu, Sonderfunktionen auszuführen. Syntaktisch beginnen diese ESC-Sequenzen immer mit einem Backslash. In der Praxis sieht das dann so aus:

```
echo "Am Ende wird ein Zeilenvorschub eingefuegt\n";
```

 Hinweis: ESC-Sequenzen werden nur ausgewertet, wenn bei der Ausgabe Anführungszeichen (Gänsefüßchen) verwendet werden. In einfache Hochkommata geschrieben wird die Sequenzen als Text (Literalkonstante) gewertet.

Sequenz	Bedeutung
\n	Zeilenumbruch
\r	Wagenrücklauf
\t	horizontaler Tabulator
\v	vertikaler Tabulator
\e	Escape-Zeichen
\f	Seitenvorschub
\\	Backslash (Rückstrich)
\$	Dollar-Zeichen
\"	doppeltes Anführungszeichen

Tabelle - ESC-Sequenzen, die mit echo und print genutzt werden können

 Bitte beachten: Die ESC-Sequenzen wirken sich nur im HTML-Quelltext aus, der sichtbare HTML-Text verändert sich dadurch nicht.

Funktionen für die Datenausgabe

Die vorstehend beschriebenen Anweisungen echo und print sind Sprachkonstrukte, also Elemente der Sprache PHP. Es existieren jedoch noch weitere „eingebaute" Möglichkeiten, Daten auf dem Bildschirm auszugeben. Denn mithilfe von printf() (formatierte Ausgabe) und print_r() (formatierte Ausgabe von Variablen) lassen sich Daten in besonders formatierter Form ausgeben. Bei vorgenannten handelt es sich wie gesagt um besondere Funktionen (siehe Lektion 9). Diese werden hier zwar der Vollständigkeit halber erwähnt, jedoch nicht weiter besprochen. Für ausführliche Informationen zu diesen Funktionen und noch weiteren nutzen Sie bitte die PHP-Sprachreferenz, wie beispielsweise unter dieser Adresse zu finden: https://www.php.net/manual/de/funcref.php.

Fragen

1. Welche Anweisungen dienen bei PHP dazu, Informationen auszugeben?

2. Wozu dient der Punkt-Operator?

3. Wozu dient der Befehl `print`?

4. Was ist das sog. Short-echo-Tag?

5. Was ist eine Escape-Sequenz?

6. Wann werden Escape-Sequenzen nicht ausgewertet?

7. Nennen Sie Unterschiede zwischen `print` und `echo`.

8. Welcher Unterschied besteht im Ergebnis bei der Anwendung folgenden Ausgabebefehle:
   a) `echo "hello World!";`
   b) `echo 'hello World!';`

LEKTION 4 – KONSTANTEN

Lektion 4 – Konstanten

Grundlegendes

Ein PHP-Programm verwendet Daten und Code, wobei sich die Daten in Konstanten und Variablen aufteilen. Konstanten haben bei Programmstart einen festen Wert, der während des Programmlaufs unveränderbar immer gleich bleibt (Ausnahme sind die sog. magischen Konstanten).

Definition, Konvention und Gültigkeit

Eine Konstante wird durch einen Bezeichner (der Name der Konstante) gekennzeichnet, der bestimmten Konventionen folgend frei definiert werden kann:

- Der Name kann sich aus Buchstaben, Zahlen, dem Unterstrich und allen Zeichen aus dem erweiterten ASCII-Zeichensatz zusammensetzen. Er darf aber <u>nicht</u> mit einer Zahl beginnen.

- Es wird zwischen Groß- und Kleinschreibung unterschieden.

- Der Typ einer Konstante wird automatisch festgelegt (durch den zugewiesenen Wert).

- Der Wert einer Konstante kann im Programmlauf nicht geändert werden.

- Eine Konstante ist **immer global gültig**, auch wenn sie lokal definiert wurde.

 Hinweis: Traditionell werden Konstantenbezeichner immer mit Großbuchstaben geschrieben.

Benutzerdefinierte Konstanten

Benutzerdefinierte Konstanten unterliegen ebenfalls den vorgenannten Konventionen. Sie werden vom Programmierer üblicherweise am Programmanfang mit der Anweisung `define()` definiert:

```
define('WERT',10);  // das ist eine numerische Konstante
```

Der Name der Konstante wird zwischen Hochkommata oder Anführungszeichen gesetzt, durch ein Komma getrennt wird der Wert festgelegt. Wird ein numerischer Wert zugewiesen, erfolgt die Definition wie vorstehend, Zeichen oder Zeichenketten (Strings) werden in Anführungszeichen oder Hochkommata gesetzt. Nach der Definition wird wie immer am Ende einer Anweisung ein Semikolon gesetzt.

```
define('WERT','Seppl'); //das ist eine String-Konstante
```

Literalkonstanten

Auch Literalkonstanten sind benutzerdefiniert, allerdings nicht wie üblich am Programmbeginn mit `define()`. Als Literalkonstanten bezeichnet man Werte, die innerhalb eines Programmes direkt hineingeschrieben werden, wie im nachstehenden Beispiel zu sehen:

```
echo 'hello World!';
```

 Hinweis: Diese Vorgehensweise ist generell nicht zu empfehlen. Grundsätzlich sollten Literalkonstanten vermieden werden und wie beschrieben immer mit `define()` definiert werden.

Vordefinierte Konstanten

Neben den Konstanten, die vom Programmierer definiert werden, existieren in jedem Programm eine Reihe vordefinierter Konstanten, die bereits im PHP-Kern festgelegt sind. Hier ein Beispiel:

```
PHP_VERSION    //beinhaltet die aktuelle PHP-Version
PHP_OS_FAMILY //beinhaltet das Betriebssystem, für die diese PHP-Version
```

Eine vollständige Liste vordefinierter Konstanten finden Sie in Anhang II.

Magische Konstanten

Zusätzlich zu den vorgenannten „echten" Konstanten gibt es noch sog. magische Konstanten. Sie sind ebenfalls vordefiniert. Es handelt sich allerdings nicht wirklich um Konstanten, denn sie ändern je nach Bedingung ihren Wert. Sehen Sie sich hierzu das folgende Beispiel an:

```
echo "Das ist die aktuelle Zeile ".__LINE__
echo "Das ist die aktuelle Zeile ".__LINE__
```

Die im Beispiel verwendete magische Konstante __LINE__ enthält die aktuelle Zeilennummer, daher werden für beide echo-Befehle logischerweise unterschiedliche Werte ausgeben (da sich die Zeilennummer ändert). Bis auf eine Ausnahme werden magische Konstanten großgeschrieben und beginnen und enden mit zwei Unterstrichen.

 Fragen

1. Können Daten auch Konstanten sein?

2. Ist der Bezeichner **das_ist_eine_Konstante** als Bezeichner für eine Konstante gültig?

3. Wie legt man den Typ einer Konstanten fest?

4. Mit welcher Anweisung lässt sich der Wert einer Konstanten während des Programmlaufs ändern?

5. Was sind magische Konstanten?

6. Mit welchem Keyword werden Konstanten definiert?
   a) const   b) constant   c) define   d) #def

7. Was ist der Unterschied zwischen einer Konstanten und einer Variablen?

8. Welche der folgenden Konstantendefinitionen verursachen einen Fehler?
   a) PI = 3.14;   b) define('pi',3.14);
   c) define('PI',3,14);

9. Lässt sich eine Literalkonstante vom Programmierer ändern, und wenn ja, wie?

Aufgabe

1. Schreiben Sie ein Skript, welches folgende Informationen berechnet und anzeigt:

   `Derzeit kosten 20 Liter Benzin 27,60 Euro`

   Hinweis: Der Preis soll berechnet werden. Es soll von einem Literpreis von 1,38 Euro ausgegangen werden.

LEKTION 5 – VARIABLEN

Lektion 5 – Variablen

Grundlegendes

Variablen sind Daten, im Gegensatz zu Konstanten kann sich ihr Wert während des Programmlaufs ändern. Um Variablen zu verwenden, müssen diese definiert werden. Dies geschieht ganz einfach, indem man einem Variablenbezeichner einen Wert zuweist. Grundsätzlich kann diese Definition überall im Programm erfolgen. Aus Gründen der besseren Lesbar- und Übersichtlichkeit sollte dies jedoch immer am Programmanfang geschehen (bei globalen Variablen).

Definition, Konvention und Gültigkeit

Eine Variable wird durch einen Bezeichner (Name der Variablen) gekennzeichnet, der bestimmten Konventionen folgend frei definiert wird:

- Der Bezeichner einer Variablen beginnt immer mit dem $-Zeichen.

- Der Name kann sich aus Buchstaben, Zahlen, dem Unterstrich und allen Zeichen aus dem erweiterten ASCII-Zeichensatz zusammensetzen. Er darf aber <u>nicht</u> mit einer Zahl beginnen (nach dem $-Zeichen).

- Es wird zwischen Groß- und Kleinschreibung unterschieden.

- Der Typ einer Variablen wird automatisch festgelegt (durch den zugewiesenen Wert). Siehe Anhang IV zur Übersicht aller möglichen Datentypen.

- Eine Variable ist in dem Bereich, in dem sie definiert wurde, verfügbar (global oder lokal).

Definiert wird eine Variable, indem der Bezeichner nach o. g. Konventionen festgelegt wird, gefolgt von einem Gleichheitszeichen und dann dem Wert der Variablen. Nachfolgend einige Beispiele:

```
$x = 10;              // Typ ist Integer
$Dollarkurs = 0.85;   // Typ ist Gleitkommazahl
$name = "Seppl";      // Typ ist String
$5x = 555;            // Name nicht gültig
```

Einfache und doppelte Anführungszeichen bei Variablen

Variablen werden sowohl außerhalb als auch innerhalb von doppelten Anführungszeichen (Gänsefüßchen) ausgewertet und ggf. ausgegeben. Befinden sich die Variablen-Bezeichner allerdings zwischen einfachen Hochkommata werden Variablen nicht interpretiert, sondern der Name wird einfach als Literalkonstante angesehen und als Text ausgegeben. Sehen Sie sich dazu folgende Zeilen an:

```php
<?php
   $name = "Seppl";   // Variable ist vom Typ String
   echo "Sein Name ist $name";    // in dieser Anweisung
                                  // wird Seppl ausgegeben
   echo 'Sein Name ist $name';    // in dieser Anweisung
                                  // wird $name ausgegeben
?>
```

Bei der Deklaration von Zeichenketten-Variablen gelten die gleichen Regeln. Es können einfache und doppelte Anführungszeichen verwendet werden z. B.: `$a = "der Name ist $b";`

Variablenreferenzen

Referenzvariablen sind Variablen, die auf den gleichen Speicherplatz wie eine andere Variable zeigen. Dies hat zur Folge, dass sich bei der Änderung des Wertes einer Variablen der Wert der anderen Variablen ebenfalls ändert. Die Syntax ist wie folgt:

```php
$a = 10;
$b = & $a;    // $b zeigt auf den gleichen Speicherplatz wie
$a
echo 'der Wert von $b ist:'.$b;  // es wird der Wert 10
                                 // ausgegeben
```

Arrays

Ein Array ist eine besondere Art der Variable, die nicht nur einen, sondern gleich mehrere unterschiedliche Werte beinhalten kann. Das folgende Beispiel zeigt, wie ein Array definiert wird:

```php
$xarray = array();    // erzeugt leeres Array
$array  = array(10,20,30);  // erzeugt Array und weist
                            // drei Werte zu
```

Die Definition beginnt mit einem $-Zeichen, dann folgt der Bezeichner und nach dem Gleichheitszeichen das Schlüsselwort `array`. Zwischen der offenen und geschlossenen Klammer werden die Werte (numerisch, Zeichenketten, boolean) mit Kommata getrennt eingetragen. Zugegriffen wird über einen Index. Die Zählung beginnt bei dem ersten Wert mit 0. Basierend auf vorstehender Definition sieht dies praktisch wie folgt aus:

```php
<?php
echo $array[0];      // gibt den Wert 10 aus
echo $array[1];      // gibt den Wert 20 aus
echo $array[2];      // gibt den Wert 10 aus
?>
```

In den vorstehenden Beispielen wurde ein eindimensionales Array verwendet. Da sich Arrays aber auch als Werte verwenden lassen, sind auch mehrdimensionale Arrays möglich, wie das folgende Beispiel zeigt:

```php
<?
$a = array(10,20,30);
$b = array(1,2,3);
$c = array($a,$b);    //das Array $b wird als Wert verwendet
$x = $c;
echo $x[1][1];        // es wird der Wert 2 ausgegeben
?>
```

In dem vorstehenden Beispiel wird auf den zweiten Wert des Arrays $x zugegriffen, welcher wiederum ein Array ist ($b), dessen zweiter Wert aktuell auf 2 gesetzt ist.

Assoziatives Array

In den bisherigen Beispielen wurde auf das Array immer mittels eines numerischen Index zugegriffen. Der Index oder auch der als Key bezeichnete Zugriffsschlüssel kann auch eine Bezeichnung sein. Dies macht im Quellcode eines Programms deutlicher, welche Bedeutung die verschiedenen Werte eines Arrays haben. Die Definition sieht dann wie nachfolgend gezeigt aus:

```php
<?
  $adress = array ( 'Name'    => "Seppl",
                    'Strasse' => "Bahnhofstraße",
                    'Ort'     => "Berlin" );
?>
```

Der Zugriff auf die einzelnen Werte erfolgt dann mittels Schlüssel:

```
<?
  $adress = array ( 'Name'    => "Seppl",
                    'Strasse' => "Bahnhofstraße",
                    'Ort'     => "Berlin" );

  echo "Der Name ist: ".$adress['Name'];
?>
```

Variable Variablen

Eine Besonderheit von PHP sind variable Variablen. Eine variable Variable verwendet den Wert einer anderen Variablen als Bezeichner. Bekannterweise beginnt die Definition einer Variablen mit einem Dollarzeichen, anschließend folgt der Bezeichner. Bei einer variablen Variablen wird vor das Dollarzeichen des Variablenbezeichners ein weiteres Dollarzeichen gesetzt. Das bedeutet, dass der Wert dieser Variablen nun der Bezeichner der neuen, der variablen Variablen ist. Sehen Sie sich dazu das folgende Beispiel an:

```
<?php
  $Name  = "Hello";
  $$Name = "World";
  echo $Name;     // es wird Hello ausgegeben
  echo $Hello;    // es wird World ausgegeben
?>
```

Diese Systematik lässt sich beliebig weiterführen. So kann der Wert einer variablen Variablen wiederum der Wert einer weiteren variablen Variablen sein usw. Empfehlenswert ist es allerdings nicht unbedingt, denn die Übersichtlichkeit eines Programms könnte darunter leiden.

Externe Variablen

Variablen lassen sich nicht nur in einem PHP-Skript definieren, sondern auch außerhalb. So können beispielsweise von einem HTML-Dokument Variablen an ein PHP-Skript übergeben werden. Sehen Sie sich dazu das nachfolgende Beispiel an:

```php
<?php
/*
Nach einem Klick auf OK werden die im HTML-Dokument defi-
nierten Variablen des Formulars an das angegebene PHP-Skript
beispiel.php übertragen.
*/
<form action="beispiel.php" method="post">
<input type="text" name="Inhalt">
<input type="submit" value="OK">
</form>
?>
```

Das aufgerufene PHP-Skript könnte dann wie folgt aussehen, um den übergebenen Wert im Browser auszugeben:

```php
<?php
   echo "Folgender Wert wurde eingegeben: ".$_POST["Inhalt"];
?>
```

Für die Übergabe von Variablen aus einem HTML-Formular existiert anstelle der Methode POST auch die Methode GET. Während bei POST die Daten auch binären Inhalt haben können und damit für den Anwender nicht sichtbar sind, werden mit der Methode GET die Daten beim Aufruf des PHP-Dokuments direkt in der Adresszeile übergeben.

```html
<form action="beispiel.php" method="get">
<input type="text" name="Inhalt">
<input type="submit" value="OK">
</form>
```

Wird in das Textfeld des Formulars Test eingeben und auf OK geklickt, dann erzeugt das vorstehende Formular folgende Adresszeile:

```
Localhost/beispiel.php?Inhalt=Test
```

Die einzelnen Werte werden mit einem ? vom Dateinamen getrennt. Wenn ggf. mehrere Werte übergeben werden, werden diese mit dem Zeichen & (kaufmännisches Und) voneinander getrennt. Die Adresszeile könnte dann wie folgt aussehen:

```
Localhost/beispiel.php?Inhalt=Test&Variable2=Test2
```

In dem PHP-Skript kann je nach verwendeter Methode zum Auslesen der übergebenen Werte $_POST oder $_GET verwendet werden. Mit

`$_REQUEST` können Variablen unabhängig von der verwendeten Methode ausgelesen werden.

Übergabe von Variablen per Link

Da mittels `GET` die Variablen in der Adresszeile übergeben werden, können diese auch ganz einfach per Link ohne Verwendung eines Formulars übertragen werden:

```
<h1>Bitte einen Link anklicken:</h1>
<a href="linktest.php?content=kauf">Produkt kaufen</a><br>
<a href="linktest.php?content=suche">Produkt suchen</a><br>
<a href="linktest.php?content=hilfe">Ich benötige Hilfe</a><br>
```

So könnte dann das PHP-Skript aussehen:

```
<?php
    $content = $_GET['content'];
        echo "<h2>Sie haben folgendes ausgewählt: </h2>$content \n";
?>
```

Vordefinierte Variablen

Wie die bereits verwendeten Variablen `$_POST` oder `$_REQUEST` gibt es noch eine Reihe weiterer sog. vordefinierter Variablen bei PHP, Werte, die grundsätzlich in einem PHP-Skript global verfügbar sind. Eine vollständige Liste finden Sie im Anhang III.

Variableninhalte ansehen

Den Wert einer Variablen kann man mit `echo` ausgeben. Wenn man es etwas genauer wissen möchte, kann die eingebaute Funktion `var_dump()` verwendet werden. Der Aufruf erfolgt folgendermaßen:

```
<?php
$a = 'hello world';
var_dump($a);
?>
```

Dieses kleine Skript zeigt nachfolgende Ausgabe: `var_dump()` liefert Typ, Größe und Wert zurück.

```
string(11) "hello world"
```

Fragen

1. Welche der folgenden Variablendefinitionen ist syntaktisch korrekt?

    a) `$WERT = "10";` **b)** `$wert = 10`
    c) `wert = 10.0;`   **d)** `$WERT = array(10.20.30);`

2. Was ändert sich gegenüber der ursprünglichen Version, wenn das Skript wie nachfolgend geändert wird, und was wird nun ausgegeben?

```php
<?php
$n = (int) 'Peter';
echo '$n';
?>
```

3. Wie können Variablen, die mit der Methode `Get` an ein Skript übergeben wurden, in diesem ermittelt werden?

4. Sehen Sie sich das nachfolgende Skript an und geben Sie an, welchen Wert die Variable `$a` hat.

```php
<?php
$a = 10;
$b = array(30,40,50);
$a = &$b[1];
?>
```

5. Was wird ausgegeben, wenn folgendes Skript ausgeführt wird?

```php
<?php
$a = (string) 'zwei';
$b = array($a,$a,$a);
$$a = $b[2];
$zwei = 25;
echo $a,' ',$b[2],' ',$$a;
?>
```

6. Was wird in der ersten echo-Anweisung ausgegeben und was wird in der zweiten echo-Anweisung in nachfolgendem Skript ausgegeben?

```php
<?php
$a = 'hallo';
echo '$a\n';
echo "$a\n";
?>
```

7. Wenn in einem HTML-Dokument folgende Links zu finden sind und der Benutzer auf den zweiten Link klickt:

```html
<h1>Bitte einen Link anklicken:</h1>
<a href="linktest.php?content=gelb">Farbe ist gelb</a><br>
<a href="linktest.php?content=blau">Farbe ist blau</a><br>
<a href="linktest.php?content=rot">Farbe ist rot</a><br>
```

Was wird ausgegeben, nachdem das Skript linktest.php ausgeführt wurde, welches wie nachfolgend aussieht?

```php
<?php
  $content = $_GET['content'];
    echo "$content \n";
?>
```

LEKTION 6 – DATENTYPEN

Lektion 6 – Datentypen

Variablen und Konstanten sind immer von einem bestimmten Typ. Anders als bei vielen andern Programmiersprachen ist es bei PHP jedoch nicht notwendig, bei der Definition von Variablen oder Konstanten auch den Typ festzulegen, denn dies macht PHP ganz automatisch. Dennoch ist es aus Sicht eines Programmierers oft wichtig und manchmal notwendig, die entsprechenden Datentypen zu kennen.

Durch den Datentyp wird definiert, wie viel Speicherplatz ein Datenwert belegt und wie syntaktisch korrekt darauf zugegriffen wird. Grundsätzlich wird bei PHP grob zwischen 10 Datentypen unterschieden, die im Folgenden näher beschrieben werden.

Skalare Typen

Als skalare Typen werden alle Datentypen bezeichnet, die nur einen Wert speichern. Es sind elementare Typen, die normalerweise noch weiter unterteilt werden können, beispielsweise Integer in Long-Integer, Short etc.

Boolean

Boolean ist ein einfacher Typ und ein sog. Wahrheitswert, der entweder TRUE (wahr) oder FALSE (falsch) sein kann. In der Regel belegt er ein Byte. Syntaktisch spielt Groß- und Kleinschreibung keine Rolle.

```
$bool = TRUE;
```

Integer

Ein 32-Bit- bzw. 64-Bit-Ganzzahltyp (plattformabhängig), der einen Wert von -2147483648 bis 2147483647 (-2^{31} bis $+2^{31}$) bzw. von -2^{63} bis 2^{63} haben kann. Bei PHP kann ein Integer-Typ in folgender Form dargestellt werden:

dezimal (Basis 10)	`$wert = 1234;`
oktal (Basis 8)	`$wert = 01234;` `// `**`0`**` vorangestellt`
hexadezimal (Basis 16)	`$wert = 0x1234;` `// `**`0x`**` vorangestellt`
binär (Basis 2)	`$wert = 0b111100011;` `// `**`0b`**` davor`

Fließkomma-Zahl

In der Mathematik auch als reelle Zahlen bezeichnet haben Daten vom Typ Double bzw. Float einen Wertebereich von ca. -1,7E308 bis ca.

1,7E308 (von $-2^{1024}-1$ bis $+2^{1024}-1$) mit einer Genauigkeit von grob 14 Stellen. Diese Daten belegen einen Speicherplatz von 32 Bit. Die Syntax für Fließkommazahlen ist bei PHP wie folgt:

```
$a = 1.234;
$b = 1.2e3;
$c = 7E-10;
$d = 1_234.567; // ab PHP 7.4.0
```

Zeichenkette (String)

Wie der Name schon verrät, besteht ein String aus beliebigen ASCII-Zeichen, wobei ein Zeichen den Speicherplatz von einem Byte belegt. Die maximale Länge eines Strings beträgt 2 GB. Eine Zeichenkette wird in einfachen oder doppelten Anführungszeichen (Gänsefüßchen) angegeben.

```
$s = "Das ist ein String";
$s1= 'Das ist auch ein String';
```

Zusammengesetzte Typen

Array

Ein Array besteht aus mehreren Werten, auf die jeweils über einen Index oder Schlüssel zugegriffen wird (siehe auch Lektion 6). Die Syntax ist wie folgt:

```
$a = array(1,2,3,4);
echo $a[2];  // es soll der dritte Wert (Zählung beginnt
bei 0) ausgegeben werden
```

Eine weitere Möglichkeit, wie ein Array definiert werden kann, ist die Zuweisung eines Schlüssels direkt bei der Deklaration:

```
array(
    Schlüssel   => Wert,
    Schlüssel 2 => Wert2,
    Schlüssel 3 => Wert3,
    ...
)
```

Objekt

Der Typ `object` kann genutzt werden, um beispielsweise ein Objekt als Parameter an eine Funktion übergeben zu können.

Callable

Der Typ `callable` kann eine Funktion sein, die in einem bestimmten Zusammenhang aufgerufen wird, eine sog. `callback`-Funktion. Dieser Typ ermöglicht eine flexible Programmstruktur, da die Zuweisung an eine Variable dieses Typs während der Laufzeit erfolgen kann.

Iterable

`Iterable` ist ein pseudo-Typ, der mit PHP 7.1 eingeführt wurde. Funktionsparameter vom Typ `iterable` akzeptieren Arrays und Objekte und können auch mit `foreach` genutzt werden.

Spezielle Datentypen

Ressource

Ressourcen werden von Funktionen bereitgestellt, die sich um die Kommunikation mit externen Systemen kümmern, z. B. Zugriffe auf Dateien oder Datenbanken. Sie dienen dazu, anderen Funktionen übergeben zu werden, die Ressourcen dieser Art erwarten.

NULL

Der Typ NULL ist ein Typ, den eine Variable hat, wenn sie noch nicht definiert ist oder mit `unset()` gelöscht wurden.

Type-Casting

In der Regel wird bei der Definition einer Variablen von PHP automatisch festgelegt, von welchem Typ eine Variable ist. Man kann jedoch auch erzwingen, dass ein gewünschter Typ für eine Variable verwendet wird. Möglich sind dabei folgende Angaben:

`(int)`, `(integer)`	Festlegung auf Integer
`(bool)`, `(boolean)`	Festlegung auf Boolean
`(float)`, `(double)`, `(real)`	Festlegung auf Gleitkomma

(string)	Festlegung auf String
(array)	Festlegung auf Array
(object)	Festlegung auf Object
(unset)	Festlegung auf NULL

```php
<?php
$a = (int) "10";   // trotz Anführungsstriche ist $a vom Typ Integer
$b = (string) 123.44;  // ist ein String
echo $b[1];   // gibt 2 aus, da jedes Zeichen eines Strings mittels
              // Index wie ein Array angesprochen werden kann
?>
```

Hinweis: Bitte lesen Sie unbedingt Anhang V!

Fragen

1. Was sind skalare Datentypen?
2. Wie wird der Typ einer Variablen festgelegt?
3. Wie groß kann ein String sein?
4. Was ist der maximale Wert einer Integer-Variablen?
5. Von welchem Datentyp kann die Variable $pi sein?
6. Was wird auf dem Bildschirm ausgegeben, wenn nachstehendes Skript gestartet wird?

```php
<?php
$n = 'Peter';
echo '$n';
?>
```

7. Welchen Typ hat die Variable $n in vorstehendem Beispiel?
8. Wie wird auf die Variable $a in dem nachfolgenden Code zugegriffen? (2 Antworten)

   a) $a[0]   b) $a[b]   c) $a[c]   d) $a[3]

```php
$a = array(
     'a',
     3 => 'b',
     1 => 'c',
         'd' );
```

LEKTION 7 – KONTROLLSTRUKTUREN

Lektion 7 – Kontrollstrukturen

Grundlegendes

Kontrollstrukturen ermöglichen es, den Ablauf eines Programmes zu steuern, indem das Programm auf Ergebnisse von Berechnungen oder auch äußere Einflüsse wie Eingaben oder Aktionen des Nutzers reagiert.

Bedingte Programmausführung

Mittels verschiedener Anweisungen werden Bedingungen ausgewertet und je nach Ergebnis der Auswertung bestimmte Teile des Programmcodes ausgeführt. Die Entscheidung, die getroffen wird, hat als Ergebnis immer WAHR oder FALSCH. Zur Auswertung werden sog. logische bzw. Vergleichsoperatoren genutzt (siehe Anhang I).

Die Entscheidungskonstrukte

Das if-Konstrukt ist in allen modernen Programmiersprachen verfügbar und hat eine sehr bedeutende Aufgabe. Im Zusammenhang damit finden auch die Anweisungen else und elseif Anwendung.

Die if-Anweisung

Mit der if- Anweisung beginnt das Konstrukt. Diese Anweisung kann ganz allein wie folgt genutzt werden:

```
if (Ausdruck)
    Anweisung;
```

Der Ausdruck wird mithilfe logischer bzw. Vergleichsoperatoren (siehe auch Anhang II) ausgewertet. Ist das Ergebnis TRUE (wahr), wird die Anweisung ausgeführt. Die vorstehend beschriebene Syntax lässt sich mit einer einzelnen Anweisung genauso einsetzen. Sollen mehrere Anweisungen ausgeführt werden, dann wird die Reihe von Anweisungen zwischen geschweifte Klammern geschrieben:

```
if (Ausdruck) {
    Anweisung1;
    …
    AnweisungN;
}
```

Die else-Anweisung

Für Situationen, in denen eine oder mehrere Anweisungen ausgeführt werden sollen, wenn die if-Auswertung FALSE ergab, gibt es den else-Block. Die dort befindliche Anweisung wird dann alternativ ausgeführt. Mehrere Anweisungen werden ggf. zwischen geschweifte Klammern geschrieben:

```
if (Ausdruck) {
    Anweisung1;
    Anweisung..n;
}
else {
    Anweisung1;
    Anweisung..n; }
```

Die elseif- bzw. else if-Anweisung

Ergänzend zu if gibt es die Anweisungen elseif bzw. else if, ein erweitertes else, denn zu elseif lässt sich ein Ausdruck hinzufügen. Im Gegensatz zu else werden Anweisungen nach elseif nur dann ausgeführt, wenn der Ausdruck in elseif den Wert TRUE ergibt.

```
if ($x > $y) {
    echo "x ist größer als y";
} elseif ($x == $y) {
    echo "x ist gleich groß wie y";
} else {
    echo "x ist kleiner als y";
}
```

 Alternative Syntax möglich: Anstelle der öffnenden und schließenden geschweiften Klammer *kann* ein Doppelpunkt verwendet werden. Nachfolgend das gleiche Beispiel wie vorstehend, allerdings in alternativer Syntax:

```
if ($x > $y):
    echo "x ist größer als y";
  elseif ($x == $y):
    echo "x ist gleich groß wie y";
  else:
    echo "x ist kleiner als y";
endif; // ist bei alternativer Syntax erforderlich
```

Hinweis: Einem `elseif` kann ein weiteres `elseif` oder ein `else` folgen. Nach einem `else` kann <u>kein</u> weiterer Block mehr stehen.

Die switch-Anweisung

Ähnlich wie die `if`-Anweisung lässt sich `switch` verwenden. Es wird der Wert einer Variablen überprüft und definiert, was geschehen soll, wenn es eine Übereinstimmung gibt:

```
switch (Variable) {
 case Wert1:
  Anweisung;
  break;
 case Wert2:
  Anweisung;
  break;
 default:
 Anweisung;
}
```

Nach dem Schlüsselwort `case` steht ein Wert (danach ein Doppelpunkt). Ist dieser gleich dem Wert der Variablen in der `switch`-Anweisung, werden die Anweisungen ausgeführt, bis das Programm auf ein `break` stößt. Wird keine Übereinstimmung mit einem Wert gefunden, werden die Anweisungen ausgeführt, die dem `default`-Block folgen.

Achtung: Das Schlüsselwort `break` ist ein Muss. Es steht am Ende nach der letzten Anweisung in jedem `case`-Block.

In der folgenden Anweisung wird `10` und `20` ausgegeben, obwohl es keine Übereinstimmung von `$a` mit dem Wert `20` gibt, nämlich nur deshalb, weil das `break` nach der Anweisung `echo 10` fehlt.

```
$a = 10;
switch ($a) {
 case 10:
  echo 10;
 case 20:    //Fehler, break fehlt!
  echo 20;   //deshalb wird auch dieses echo ausgeführt
}
```

Fragen

1. Was wird in nachfolgendem Beispiel ausgegeben?

    a) `true`   b) `false`

```
$x = 'false';

if ($x) {
    echo 'true';
} else {
    echo 'false';
}
```

2. Was ist kein gültiger PHP-Vergleichsoperator?

    a) `!=`   b) `>=`   c) `<=>`   d) `<>`

Aufgabe

1. Erstellen Sie ein Programm und verwenden Sie die vier Variablen `$km`, `$km_preis_bahn`, `km_preis_kfz` und `$kosten`. Weisen Sie `$km` den Wert 386, `$km_preis_bahn` den Wert 0,34, der Variablen `$km_preis_kfz` den Wert 0,38 zu.
Errechnen Sie nun in einem Programm, wie hoch die Kosten mit der Bahn und mit dem KFZ sind. Außerdem soll das Skript mitteilen, wo und um wie viel die Kosten höher sind. Alles soll berechnet werden, keine Literalkonstanten verwenden.

Das Programm soll folgende Ausgabe erzeugen:

```
Kosten mit der Bahn: 131,24 EURO
Kosten mit dem KFZ: 146,68 EURO
Die Fahrkosten mit dem KFZ sind um 15,44
EUR höher.
```

LEKTION 8 – SCHLEIFEN

Lektion 8 – Schleifen

Grundlegendes

Schleifen findet man genauso wie Strukturen für bedingte Programmausführungen (if oder switch) in jeder Programmiersprache wieder, so natürlich auch in PHP. Sie dienen dazu, bestimmte Programmschritte zu wiederholen, abhängig von einem Schleifenzähler oder einer anderen Abbruchbedingung.

Die for-Schleife

Diese Art der Schleife wird so lange wiederholt, bis die Abbruchbedingung FALSE ist. Häufig wird die for-Schleife mit einem Zähler verwendet, welcher oft in dem auszuführenden Code genutzt wird. Die Syntax ist wie folgt:

```
for (Startwert; Bedingung; Schleifenschritt) {
    Anweisungen; }
```

Startwert ist eine Anweisung. Sie wird vor dem ersten Durchlauf ausgeführt und dient der Initialisierung. Vor jedem Schleifendurchlauf wird die Bedingung ausgewertet. Ist das Ergebnis TRUE, wird die Schleife durchlaufen. Am Ende des Durchlaufs werden die Anweisungen im Schleifenschritt ausgeführt.

Startwert und Schleifenschritt können eine, aber auch mehrere durch Kommata getrennte Anweisungen enthalten. Das Semikolon trennt die einzelnen Bereiche voneinander. Ein Ausdruck kann auch leer sein, beispielsweise keine Initialisierung enthalten. In dem nachfolgenden Beispiel wird in der Schleife die Zahl 1 – 10 ausgegeben. Die geschweiften Klammern hier sind optional und nur dann zwingend erforderlich, wenn mehrere Anweisungen innerhalb der Schleife ausgeführt werden sollen.

```php
<?php

for ($x = 1; $x <= 10; $x++) {
    echo $x;
}
?>
```

Die foreach-Schleife (nur Arrays und Objekte)

Speziell für Arrays und Objekte ist dieses Schleifenkonstrukt gedacht. In der `foreach`-Schleife wird bei jedem Durchlauf der interne Array-Zeiger um eins erhöht, um auf das nächste Array-Elemente zu zeigen. Dies geschieht so lange, bis das gesamte Array durchlaufen ist.

```
foreach (array as $wert) {
  Anweisung/en;
}
```

Das Konstrukt `foreach` erleichtert das Auslesen eines Arrays wesentlich, man spart Code, Zeit und die Anweisung ist übersichtlicher. Das Schlüsselwort `as` steht zwischen Array- und Variablen-Bezeichner.

```
$arr = array(1, 2, 3, 4);
  foreach ($arr as $x) {
   echo $x;
  }
```

Die `foreach`-Schleife funktioniert auch mit assoziativen Arrays, also mit Schlüssel. Es ist auch möglich, einzelne Elemente eines solchen Arrays mit unterschiedlichen Datentypen zu belegen. Dies können ggf. auch weitere Arrays sein. Mit einer erweiterten Syntax lassen sich Schlüssel und Wert gleichzeitig auslesen:

```
foreach (array as $key => $wert) {
  Anweisung/en;
}
```

Sehen Sie sich dazu auch folgendes Beispiel an:

```
<?php
$a = array(  "name" => 'Seppl',
             "strasse" => 'Bahnhofstrasse',
             "ort" => 'Berlin',
             "plz" => 10000);

foreach ($a as $s => $w) {  //$a enthält Key und $w den Wert
   echo "\$a[$s] => $w.\n<br>"; }
?>
```

Die while-Schleife

Die `while`-Schleife ist das einfachste Schleifenkonstrukt in PHP. Die Syntax ist wie folgt:

```
while (Ausdruck)
    Anweisung;
```

Die Schleife wird so lange durchlaufen und die Anweisung ausgeführt, bis die Auswertung des Ausdrucks den Wert `FALSE` ergibt. Sollen mehrere Anweisungen ausgeführt werden, dann hat der Programmierer zwei Möglichkeiten. Die eine besteht darin, die Anweisungen in geschweiften Klammern einzuschließen, die andere darin nach der letzten Anweisung, die in der Schleife wiederholt werden soll, das Schlüsselwort `endwhile` zu schreiben.

```
while (Ausdruck) {
    Anweisung;
    …
    Anweisung;   }
```

Das nachfolgende kleine Beispiel zeigt die Anwendung der `while`-Schleife in einem PHP-Skript. Eine einzelne Anweisung nach dem Schlüsselwort `while` muss nicht von geschweiften Klammern eingeschlossen sein. Dies ist nur erforderlich, wenn mehrere Anweisungen innerhalb der Schleife ausgeführt werden sollen:

```php
<?php

define('MAX',10);
$n = 0;

  while ($n < MAX) {
    echo ++$n.'<br>';
}
?>
```

Die do-while-Schleife

Das Schleifenkonstrukt mit `do` und `while` funktioniert ebenso wie die `while`-Schleife, nur mit dem Unterschied, dass die Auswertung des

Ausdrucks erst am Ende der Schleife erfolgt. Dies bedeutet in der Praxis, dass eine `do-while`-Schleife im Gegensatz zu allen anderen Schleifenkonstrukten <u>immer</u> mindestens einmal durchlaufen wird.

```
do Anweisung;
  while (Ausdruck)
```

Im nachfolgenden Beispiel ist die Verwendung der geschweiften Klammer optional, doch sobald mehr als eine Anweisung ausgeführt werden soll (auch in der gleichen Zeile), müssen alle Anweisungen innerhalb geschweifter Klammern geschrieben werden:

```php
<?php
define('MAX',10);
$n  = 0;
  do {
    echo ++$n.'<br>';
  } while ($n < MAX);
?>
```

Kontrollstrukturen und Schleifen steuern

Die vorstehend beschriebenen Schleifen werden in der Regel durch eine Abbruchbedingung gesteuert. Doch es gibt auch Ausnahmen. Soll beispielsweise eine Schleife aus programmatischen Gründen vorzeitig beendet werden, bieten sich die folgenden Anweisungen an, die jeweils unterschiedliche Mechanismen bieten.

break

Die Anweisung `break` beendet die Ausführung der aktuellen `for`-, `foreach`-, `while`-, `do-while`- oder `switch`-Struktur. Der Anweisung `break` kann optional ein numerischer Parameter übergeben werden, mit dem die Anzahl der Verschachtelungstiefen angegeben wird, aus denen ausgebrochen werden soll. Der Standardwert ist 1. Wird `break` demnach ohne Parameter angegeben, so wird die Skriptausführung in der aktuellen Ebene beendet.

```php
<?php
  break;
  break(2); // Parameter bei Break ist optional, default = 1
```

```
?>
```

Die continue-Anweisung

Diese Anweisung wird innerhalb von Schleifen genutzt, um den aktuellen Schleifendurchlauf abzubrechen und mit der Auswertung der nächsten Bedingung fortzufahren, also mit dem nächsten Durchlauf zu beginnen. Die Anweisung `continue` akzeptiert ein optionales numerisches Argument, womit festgelegt werden kann, aus welcher Schleifenebene herausgesprungen werden soll. Wird kein Argument angegeben, so wird nur die Fortführung der aktuellen Schleifenrunde beendet.

goto

Die Anweisung `goto` erlaubt es, an eine andere Stelle im Skript zu springen und dort mit der Programmausführung fortzufahren. Es gibt allerdings Einschränkungen. So kann nicht aus dem aktuellen Kontext gesprungen werden (Funktion oder Methode), es kann nicht in Schleifen hineingesprungen werden, allerdings kann mit `goto` eine Schleife vorzeitig verlassen werden. Als Sprungmarke oder Label wird die Stelle bezeichnet, an die gesprungen werden soll. Diese Sprungmarke wird mit einem Namen und einem Doppelpunkt gekennzeichnet.

 Hinweis: Die Verwendung der `goto`-Anweisung ist grundsätzlich kein guter Programmierstil, da es das Programm unübersichtlich macht. Es sollte, wenn immer möglich, darauf verzichtet werden.

return

Die Anweisung `return` beendet die Ausführung des Codes und übergibt die Steuerung wieder an das aufrufende Modul. Wird `return` in einem mit `include` eingebundenen Skript aufgerufen, wird dieses Skript beendet. Wird `return` jedoch im Hauptskript aufgerufen, wird das gesamte Skript beendet. Die Verwendung von `return` erfolgt in der Regel ohne Parameter. Soll ein Wert zurückgegeben werden, muss dies in runden Klammern geschehen:

```php
<?php
  return;
  return(1);
```

?>

Fragen

1. Welche Schleife wird immer mindestens 1x durchlaufen?
2. Welche Schleifenart eignet sich am besten für Arrays?
3. Was geschieht durch `break` in einer `for`-Schleife?
4. Was ist der Unterschied zwischen `else` und `elseif`?

Aufgaben

1. Erstellen Sie ein Programm und verwenden Sie die vier Variablen `$km`, `$km_preis_bahn`, `$km_preis_kfz` und `$kosten`. Weisen Sie `$km` den Wert `386`, `$km_preis_bahn` den Wert `0,34`, der Variablen `$km_preis_kfz` den Wert `0,38` zu.

   Lassen Sie die Berechnung 2x durchführen, jeweils mit 1 und 2 Personen, die die Fahrt antreten. Bedenken Sie, dass sich die Fahrkosten mit einem Auto nicht erhöhen!

   Errechnen Sie nun in dem Programm, wie hoch die Kosten mit der Bahn und mit dem KFZ sind. Außerdem soll das Skript mitteilen, wo und um wie viel die Kosten höher sind. Alles soll berechnet werden, keine Literalkonstanten verwenden. Das Programm soll folgende Ausgabe erzeugen:

```
Kosten mit der Bahn: 131,24 EURO
Kosten mit dem KFZ: 146,68 EURO
Die Fahrkosten mit dem KFZ für 1 Person
sind um 15,44 EUR höher.

Kosten mit der Bahn: 262,48 EUR
Kosten mit dem KFZ: 146,68 EUR
```

Die Fahrkosten mit der Bahn für 2 Personen
sind um 115,80 EUR höher.

2. Für jede natürliche Zahl von $minimum bis $maximum
   soll das Quadrat berechnet und ausgegeben werden. Die
   Variablen $minimum bis $maximum sollen im Programm
   verwendet werden.

```
--- Quadratzahlenermittlung ---
Die Quadratzahl von 1 ist 1
Die Quadratzahl von 2 ist 4
Die Quadratzahl von 3 ist 9
Die Quadratzahl von 4 ist 16
Die Quadratzahl von 5 ist 25
Die Quadratzahl von 6 ist 36
Die Quadratzahl von 7 ist 49
Die Quadratzahl von 8 ist 64
Die Quadratzahl von 9 ist 81
Die Quadratzahl von 10 ist 100
```

3. Schreiben Sie ein Programm, das folgende (Ausgabe)
   Zahlenreihen mithilfe einer for-Schleife erzeugt und auf
   dem Bildschirm darstellt.
   Hier ist etwas Kreativität gefragt. Überlegen Sie, was Sie
   bisher alles gelernt und kennengelernt haben!
   ACHTUNG: a.) Die Zahlenreihen sollen aus dem Startwert berechnet werden
   b.) Maximal 2 Schleifen nutzen
   c.) So flexibel wie möglich programmieren

Reihe1:	12	17	22	27	32		
Reihe2:	10	7.5	5	2.5	0	2.5	5
Reihe3:	1000	2000	3000	4000	5000	6000	
Reihe4:	A5	A7	A9	A11	A13		
Reihe5:	x	y1	x	y2	x	y3	

LEKTION 9 – FUNKTIONEN

Lektion 9 – Funktionen

Grundlegendes

Eine Funktion ist ein Unterprogramm, dessen Sinn und Zweck es ist, einen sich öfter wiederholenden Code einfach durch den Aufruf der Funktion zu wiederholen, anstatt ihn neu zu schreiben. In einer Funktion kann jeder beliebige PHP-Code stehen. So lassen sich in einem Unterprogramm auch weitere Funktionen und sogar Klassen definieren.

Funktionsbezeichner

Der Aufruf einer Funktion erfolgt über einen Bezeichner (der Name der Funktion), der entsprechend den folgenden Regeln frei definiert werden kann:

- Vor dem Funktionsbezeichner steht bei der Definition das Schlüsselwort `function`.

- Der Funktionsname beginnt mit einem Buchstaben oder einem Unterstrich.

- Der Name kann sich aus Buchstaben, Zahlen, dem Unterstrich und allen Zeichen aus dem erweiterten ASCII-Zeichensatz zusammensetzen, darf aber nicht mit einer Ziffer beginnen.

- Es wird **nicht** zwischen Groß- und Kleinschreibung unterschieden.

- Eine Funktion ist in dem Bereich, in dem Sie definiert wurde, verfügbar (global oder lokal).

 Wird in einem Skript eine Funktion referenziert, ist es nicht erforderlich, dass diese bereits definiert ist, es sei denn, die Funktion wird bedingt definiert (beispielsweise in einer `if`-Anweisung).

Die Definition einer Funktion wird wie folgt durchgeführt:

```
function bezeichner([Parameter])  {
    auszuführender Code;
    [return Rückgabewert];
}
```

Die Parameter sind optional und, wie nachfolgend noch ausführlich beschrieben wird, außerdem auch sehr flexibel anwendbar. Auch die Rückgabe eines Wertes ist möglich, aber ebenso optional. Hier ein kleines Beispiel für die Definition einer sehr einfachen Funktion ohne Parameterübergabe und ohne Rückgabe eines Ergebnisses:

```php
<?php
function jahr() {
  echo 'das aktuelle Jahr ist: '.time() / (365 * 24 * 60 *
60) + 1970;
}

jahr();

?>
```

 Hinweis: `time()` gibt als Ergebnis die Anzahl der Sekunden zurück, die seit dem 1.1.1970 vergangen sind. Beim Aufruf der Funktion wird deren Namen verwendet, gefolgt von zwei runden Klammern. Innerhalb der Klammern können Parameter übergeben werden. Im Beispiel ist die Parameterliste leer.

Rückgabe des Funktionsergebnisses

Die Funktion aus dem vorhergehenden Beispiel kann man beliebig oft und an jeder Stelle im Programm aufrufen, einfach mit der Anweisung:

```php
jahr();
```

… dann wird exakt an dieser Stelle die folgende Nachricht ausgegeben:

```
das aktuelle Jahr ist: 2020 // je nach dem auch 2021, 2022 etc.
```

Dass die Funktion das aktuelle Jahr errechnet und ausgibt, mag manchmal ganz praktisch sein, doch nicht immer, denn vielleicht soll der Ausgabetext anders gestaltet werden. Daher gibt es die Möglichkeit, das Ganze flexibler zu gestalten. Typisch für eine Funktion ist nämlich, dass diese ein Ergebnis zurückliefert, welches dann nach Belieben verwendet werden kann. Dies geschieht in der Praxis dadurch, dass die Funktion aufgerufen und der Rückgabewert der Funktion mittels deren Namen beispielsweise einer Variablen zugewiesen wird.

Damit die Funktion ein Ergebnis zurückgibt, wird das Schlüsselwort `return` verwendet. Das vorstehende Beispiel wurde dementsprechend geändert:

```php
<?php
function jahr() {
  return time() / (365 * 24 * 60 * 60) + 1970;
}
?>
```

Genutzt wird das dann, indem das Funktionsergebnis zum Beispiel der Variablen `$aktuelles_jahr` zugewiesen wird.

```php
$aktuelles_jahr = jahr();
```

Natürlich kann das Funktionsergebnis aber auch mit `echo` oder `print` direkt ausgegeben werden:

```php
echo (int) $jahr;    // die Angabe (int) wandelt den
                     // Dezimalwert in Integer um
```

Übergabe von Parametern

Eine Funktion kann auch Daten verarbeiten, die ihr von außen in Form sog. Parameter übergeben werden. Bei der Definition der Funktion werden diese Übergabewerte im Header der Funktion deklariert:

```php
function schleife($num, $msg) // es werden zwei Parameter
                              // erwartet
```

Die Funktion wird dann wie folgt in einem Skript definiert:

```php
<?php

function schleife($num, $msg) {  // die Variable $num
                                 // enthält den Startwert
define('MAX',10);                // die Variable $msg
                                 // enthält Text

  while ($num < MAX)
    echo "$msg", ++$num.'<br>';
      echo '---<br>';
}
?>
```

Der Aufruf der Funktion in einem Programm erfolgt dann, wie im nächsten Code-Schnipsel gezeigt. Die Parameter können entweder als Literalkonstanten, Konstanten oder Variablen an die Funktion übergeben werden:

```php
<?php
$start = 5;

schleife(-1,'nummer: ');
schleife($start,'nummer: ');

?>
```

 Hinweis: Bei der Deklaration kann der Typ eines Parameters festgelegt werden.

Optionale Parameter (mit Vorgabewert)

Wird in dem vorstehenden Skript einer der Parameter nicht übergeben, wird ein Fehler gemeldet. Denn wenn die Argumente wie vorstehend im Funktionsheader definiert wurden, müssen die Parameter beim Aufruf angegeben werden. PHP bietet jedoch eine Möglichkeit, optionale Parameter festzulegen. Diese müssen dann beim Aufruf nicht zwingend übergeben werden. Das folgende Beispiel zeigt, wie das funktioniert:

```php
function schleife($num, $msg, $x=1) {
//$n = 0;
  while ($num < MAX)
    echo "$msg",++$num.'<br>';
      echo '---<br>';
}
```

Die Parameter $num und $msg sind zwingend. Der Parameter $x ist optional. Wird er nicht übergeben, dann wird die Standvorgabe 1 verwendet.

 Hinweis: Parameter mit Vorgabewert müssen immer nach den Parametern ohne Vorgabewert definiert werden, sonst gibt es eine Fehlermeldung.

Variable Anzahl von Parametern

Grundsätzlich kann an eine PHP-Funktion eine beliebige Anzahl Werte bei Aufruf der Funktion übergeben werden, auch wenn diese nicht bei der Deklaration der Funktion festgelegt wurden. Das Problem ist in diesem Falle allerdings, dass die aufgerufene Funktion beim Aufruf nicht „wissen" kann, wie viele und welche Parameter nun an sie übergeben wurden. Um dieses Problem zu lösen, stellt PHP drei Werkzeuge (andere Funktionen) zur Verfügung, die es ermöglichen, die Anzahl und Werte der übergebenen Argumente zu ermitteln:

`func_num_args ( ) : int`	Ermittelt die Anzahl der an eine Funktion übergebenen Argumente.
func_get_arg (int $arg_num) : mixed	Liefert Argument `arg_num` aus der Liste der Argumente einer benutzerdefinierten Funktion.
`func_get_args ( ) : array`	Liefert die übergebenen Argumente als Array.

Das nachfolgende kleine Beispiel zeigt die Anwendung der genannten Funktionen:

```php
<?php
function test() {
  echo "Anzahl Parameter: ".func_num_args()."<br>";
  echo "erste Argument: ".func_get_arg(0);
  echo "zweites Argument: ".func_get_arg(1);
}
test(10,20,30,'test');
?>
```

Das erste Argument hat den Index 0. Das letzte Argument hat den Index `func_num_args()` - **1**.

Parameter als Verweise übergeben

Übergibt man an eine Funktion Variablen als Parameter und werden die Werte der Parameter innerhalb der Funktion verändern, bleibt der Wert des Parameters außerhalb der Funktion unverändert.

```php
<?php
$x=5;
  function test($num) {
    ++$num;
  }
 test($x);
 echo $x;
?>
```

In dem vorstehenden Beispiel wird in der echo-Anweisung der Wert 5 ausgegeben. Obwohl die Variable $num innerhalb der Funktion um eins erhöht wurde, behält dieser Parameter den Wert, den er bei der Übergabe an die Funktion hatte. Die Veränderung des Wertes innerhalb der Funktion hatte also keine Auswirkung auf den Parameter außerhalb der Funktion.

Dies ist in der Regel auch so gewünscht. Manchmal kann es jedoch für den Programmlauf erforderlich sein, dass der veränderte Wert im Parameter gespeichert bleibt.

Daher bietet PHP auch die Möglichkeit, dass der Wert eines Parameters innerhalb einer Funktion verändert und dieser veränderte Werte zurückgegeben wird. Dies wird realisiert, indem man das Zeichen & (kaufmännisches Und) vor den Parameterbezeichner schreibt.

```php
<?php
$x=5;
  function test(&$num) {
    ++$num;
  }
 test($x);
 echo $x;
?>
```

In dem vorstehenden Beispiel wird mit der echo-Anweisung der Wert 6 ausgegeben, da es sich bei dem übergebenen Parameter um einen Verweis auf die Variable handelte. Dies beeinflusst den Wert der Variablen, der in der Funktion um eins erhöht wurde.

Aufgaben

1. Am Jahresanfang werden 1000 Euro auf ein Sparkonto eingezahlt. Wie viele Jahre dauert es, bis bei einem Zinssatz von 2 Prozent daraus >= 3000 Euro geworden sind? Das Startkapital und der Zinssatz sollen vom Benutzer eingegeben werden können.
   LÖSUNG in Ü9_01

2. Berechnen Sie das kleinste gemeinsame Vielfache (kgV) zweier natürlicher Zahlen. Die Berechnung soll ohne Beteiligung des größten gemeinsamen Teilers erfolgen.
   <u>Beispielausgabe:</u>
   ```
   Zahl 1: 5
   Zahl 2: 7
   kgV: 35
   ```
   LÖSUNG in Ü9_02

3. Erstellen Sie ein Formular das den Benutzer auffordert, zwei Zahlen einzugeben, die multipliziert werden. Das Programm soll jedoch nur mit Hilfe der Grundrechenart Addition arbeiten. Ist die Eingabe keine Zahl, soll eine Fehlermeldung ausgegeben und der Benutzer noch einmal aufgefordert werden, eine Zahl einzugeben.
   LÖSUNG in Ü_03

LEKTION 10 – SERVERINSTALLATION

Lektion 10 – Serverinstallation

Jetzt ist es so weit. Wenn Sie Ihr Skript erstellt und getestet haben, ist es Zeit, es live zu stellen, also auf den Server zu übertragen, damit es im Internet für jeden erreichbar ist. Grundsätzlich ist das nicht schwierig. Sie benötigen zunächst einen Webspace mit PHP und der Zugriffsmöglichkeit per FTP-Protokoll auf den Server, denn üblicherweise werden Skripte mittels dieses Protokolls auf den Server übertragen. Es gibt viele Freehoster im Internet, die kostenlos Web-Space mit PHP anbieten. Unter folgendem Link finden Sie derzeit 21 Anbieter von kostenlosem Webspace: https://www-coding.de/23-freehoster-mit-php-unterstuetzung/

Wenn Sie Ihre Website allerdings kommerziell betreiben wollen, dann ist es vielleicht besser ein paar Euro zu zahlen und keinerlei Einschränkungen wie eingeblendete Werbebanner etc. in Kauf zu nehmen. Eine Auswahl von Anbieter einschließlich .de-Domain finden Sie unter folgendem Link: https://www.hosttest.de/vergleich/php-webhosting.html

Wenn Sie Ihren Webspace gefunden haben, dann geht es weiter. Sie benötigen nun einen FTP-Client, mit dem Sie Ihre Skripte auf den Server übertragen können.

Installation eines FTP-Clients

Ein kostenloser, sehr guter und durchaus empfehlenswerter FTP-Client ist FileZilla, eine Open-Source-Software, die Sie von der folgenden Site herunterladen können: `https://filezilla-project.org/`. Downloaden Sie das Programm und installieren Sie es:

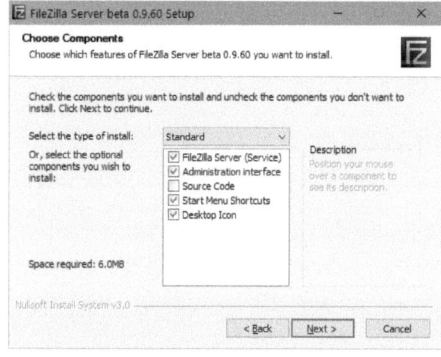

Nachdem die Software installiert ist, starten Sie FileZilla, öffnen Sie das Menü DATEI und klicken Sie dort auf SERVERMANAGER:

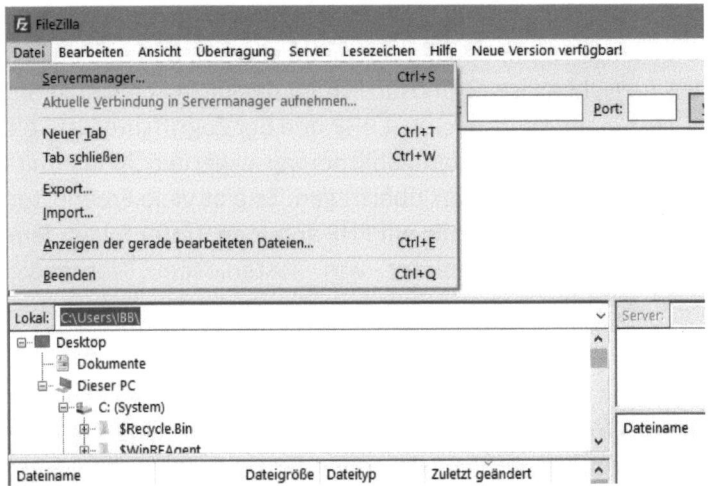

Jetzt öffnet sich ein Dialogfeld, in dem Sie die Verbindungsdaten Ihres Servers eintragen müssen:

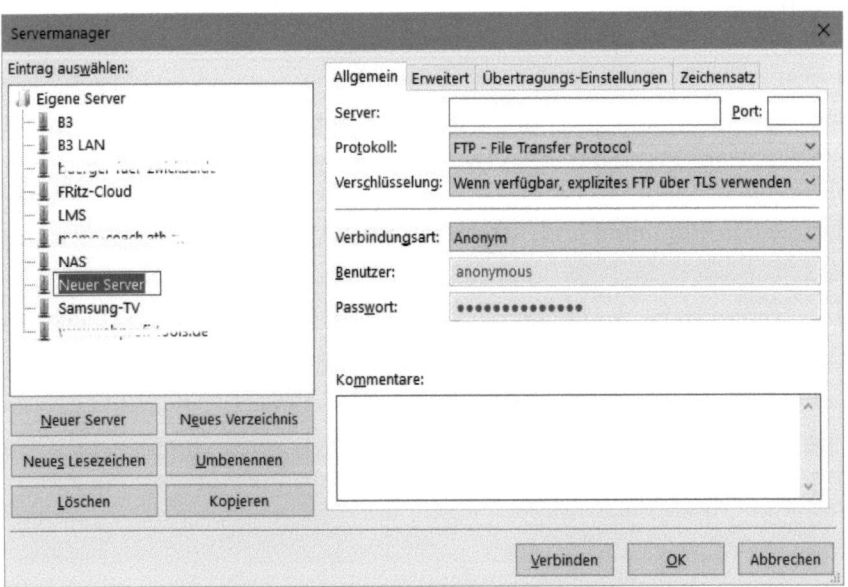

Gegebenenfalls erfragen Sie diese Daten bei Ihrem Provider oder suchen Sie auf der Hilfeseite. Folgende Informationen müssen hier eingegeben werden:

1. **Server:** Hier wird die Server-Adresse erwartet, beispielsweise: mein-server.de
2. **Port:** Leer lassen, wird automatisch ausgewählt
3. **Protokoll:** *FTP - File Transfer Protocol* auswählen
4. **Verschlüsselung:** *Explizites FTP über TLS verwenden*
5. **Verbindungsart:** *Normal* (Servername & Passwort wird gespeichert, Neueingabe bei neuer Verbindung ist nicht erforderlich)
6. **Benutzer:** Ihr Benutzername, wird vom Provider mitgeteilt
7. **Passwort:** Passwort, das beim Anlegen des FTP-Accounts gewählt wurde

Wenn Sie alle Daten eingegeben haben, klicken Sie auf Ok und die Daten werden gespeichert.

Übertragen der Skripte

Nachdem Sie die Daten alle korrekt eingetragen und gespeichert haben, öffnen Sie erneut das Dialogfeld Servermanager. Wählen Sie Ihren Server aus und klicken Sie auf Ok. Dann wird die Verbindung hergestellt und Sie sehen ein Fenster, so oder so ähnlich wie nachfolgend zu sehen:

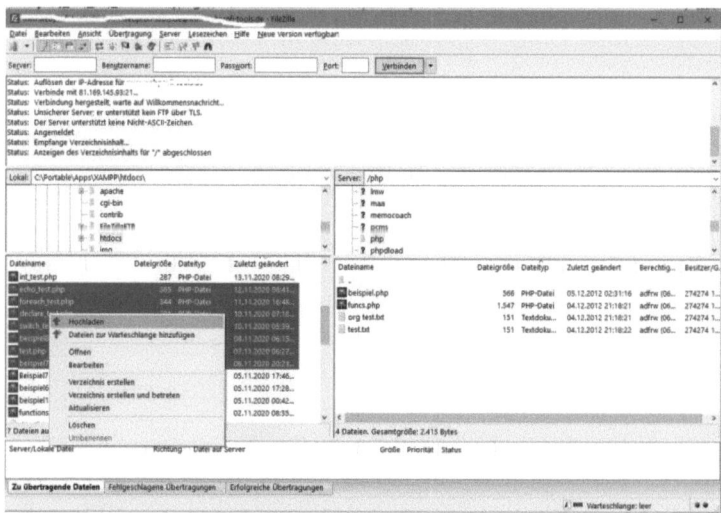

1. Navigieren Sie im linken Bereich (Lokal) zu dem entsprechenden Verzeichnis auf Ihrem Windows-Rechner, in dem sich die hochzuladenden Dateien befinden (`htdocs`).

2. Manövrieren Sie dann im rechten Bereich (Server) in das gewünschte Verzeichnis auf Ihrem Server.

3. Markieren Sie nun alle Dateien (auf der lokalen Seite), die Sie hochladen möchten. Öffnen Sie jetzt das Kontextmenü und wählen Sie die Option HOCHLADEN aus. Jetzt werden alle gewünschten Dateien auf den Server übertragen.

Im nächsten Bild sehen Sie den Ausschnitt aus dem Hauptfenster von FileZilla, in dem die Übertragung der Dateien angezeigt wird.

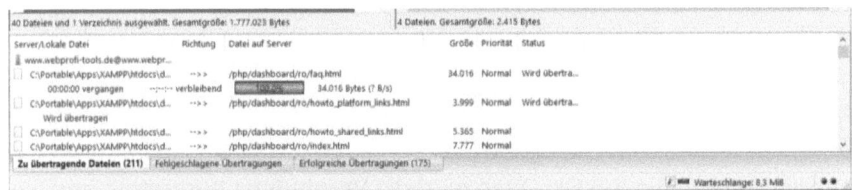

Nach vollständigem Hochladen bekommen Sie eine Meldung und der Übertragungsbereich ist wieder leer.

Abschluss

Geschafft! Das war der letzte Teil vom letzten Teil. Jetzt sind Sie so weit, dass Sie Ihr Skript von Ihrem Server abrufen können.

Anhang I – Good Practice

✓ Als Bezeichner können Umlaute verwendet werden – verzichten Sie darauf! Good Practice ist die Verwendung englischer Begriffe.

✓ Verwenden Sie für Bezeichner immer Namen, an denen Sie bereits erkennen, welchem Zweck sie dienen.

✓ Verwenden Sie immer das aktuelle **stable Release** von PHP, um Sicherheitslücken zu schließen.

✓ Schreiben Sie Code immer zwischen die Tags `<?php ?>`, halten Sie es dadurch einheitlich und verwenden Sie keine anderen Abkürzungen oder Schreibweisen.

✓ Nutzen Sie ausführlich Kommentare, um Ihre Programme gut zu dokumentieren.

✓ Nutzen Sie aussagekräftige Namen für Konstanten, Variablen und Funktionen.

✓ Schalten Sie die Fehlerausgabe bei PHP während des Testens vollständig ein.

✓ Denken Sie immer an den Unterschied zwischen den Anführungszeichen (Gänsefüßchen) und Hochkommata.

✓ Trauen Sie niemals den Anwendern: Verlassen Sie sich niemals darauf, dass Benutzer korrekte Eingaben an allen Stellen machen, wo ihnen Eingaben möglich sind.

✓ Rücken Sie Blöcke immer ein. So lässt sich auf den ersten Blick erkennen, wo ein Block beginnt und endet. Dies erhöht die Übersichtlichkeit wesentlich.

✓ Wiederholen Sie sich nicht! Das bedeutet: Nutzen Sie Code, den Sie einmal geschrieben haben, mehrfach, in Funktionen bzw. Objekten und auch als eingebundene Dateien (include etc.).

Anhang II – Operatoren

Arithmetische Operatoren	
+	Addition
-	Subtraktion
*	Multiplikation
/	Division
%	Modulus (Rest einer ganzzahligen Division)
Logische Operatoren	
and	logisches AND
&&	logisches AND
or	logisches OR
||	logisches OR
xor	logisches XOR
!	logisches NOT
Vergleichsoperatoren	
==	gleicher Wert
===	gleicher Wert und Typ
!=	Wert ungleich
<>	Wert ungleich
!==	Wert oder Typ ungleich
<	kleiner als
<=	kleiner oder gleich
>	größer als
=>	größer oder gleich
Bitoperatoren	
$a & $b	AND (Bits, die in $a und $b gesetzt sind, werden gesetzt)
$a | $b	OR (Bits, die in $a oder $b gesetzt sind, werden gesetzt)
$a ^ $b	XOR (Bits, die entweder in $a oder $b, jedoch nicht in beiden gesetzt sind, werden gesetzt)
~ $a	NOT (setzt nicht gesetzte Bits in $a und umgekehrt)

$a << $b	SHIFT LEFT (verschiebt in $a Bits um $b Stellen nach links)
$a >> $b	SHIFT RIGHT (Verschiebung der Bits von $a um $b Stellen nach rechts, jede Stelle entspricht einer Division durch zwei)

Fehler-Kontroll-Operator

@	Befindet sich das @-Symbol vor einem Ausdruck, werden Fehlermeldungen ignoriert, die von dieser Anweisung erzeugt werden könnten.

Zeichenketten-Operatoren

.	(String.String) gibt eine aus linkem und rechtem String zusammengesetzte Zeichenkette zurück
.=	(String .= String) verbindet den String auf der rechten Seite mit dem String der linken Seite.

Array-Operatoren

$a + $b	Vereinigung (Verbindet $a und $b)
$a === $b	Identität (ist TRUE, wenn $a und $b gleiche Schlüssel-/Wert-Paare in der gleichen Reihenfolge und demselben Typ enthalten)
$a != $b	Ungleich (ist TRUE, wenn $a nicht gleich $b ist)
$a <> $b	Ungleich (ist TRUE, wenn $a nicht gleich $b ist)
$a !== $b	nicht identisch (ist TRUE, wenn $a nicht gleich $b ist)

Inkrement- bzw. Dekrementoperatoren

++$a	Prä-Inkrement (erhöht $a um eins, und gibt dann $a zurück)
$a++	Post-Inkrement (gibt $a zurück, und erhöht $a dann um eins)
--$a	Prä-Dekrement (zieht von $a eins ab, gibt dann $a zurück)
$a--	Post-Dekrement (gibt $a zurück, verringert dann $a um eins)

Typ-Operatoren

instanceof	Dient dazu festzustellen, ob ein gegebenes Objekt ein Objekt ist, das zu einer bestimmten Klasse gehört.

Anhang III – Vordefinierte Konstanten

Diese Konstanten werden vom PHP-Core definiert (auch Zend-Engine etc.)

PHP_VERSION	(string)	PHP-Version als Zeichenkette im Format: Hauptversion.Unterversion.Release[Extra]
PHP_MAJOR_VERSION	(int)	Aktuelle "Hauptversion" von PHP als Ganzzahl (z. B. int(5) , seit 5.2.7).
PHP_MINOR_VERSION	(int)	Aktuelle "Unterversion" von PHP als Ganzzahl (z. B. int(2) , seit 5.2.7).
PHP_RELEASE_VERSION	(int)	Aktuelle "Release"-Version von PHP als Ganzzahl (z. B. int(7) bei Version "5.2.7-extra"). Seit PHP 5.2.7.
PHP_VERSION_ID	(int)	Die aktuelle PHP-Version, seit PHP 5.2.7.
PHP_EXTRA_VERSION	(string)	Aktuelle "Extra"-Versionsnummer von PHP als Zeichenkette (z. B. '-extra' bei Version "5.2.7-extra"). Seit PHP 5.2.7.
PHP_ZTS	(int)	Seit PHP 5.2.7.
PHP_DEBUG	(int)	Seit PHP 5.2.7.
PHP_MAXPATHLEN	(int)	Maximale Länge von Dateinamen (inklusive Pfad), die von diesem Build von PHP unterstützt wird, seit PHP 5.3.0.
PHP_OS	(string)	Das Betriebssystem, für das PHP kompiliert wurde.
PHP_OS_FAMILY	(string)	Betriebssystemfamilie, für die PHP kompiliert wurde:'Windows', 'BSD','Darwin','Solaris', 'Linux' oder 'Unknown', seit PHP 7.2.0.
PHP_SAPI	(string)	Die Server-API dieses Builds von PHP. Siehe auch php_sapi_name().
PHP_EOL	(string)	Das korrekte Zeilenendezeichen für diese Plattform. Seit PHP 5.0.2.

`PHP_INT_MAX`	`(int)`	Die größtmögliche Ganzzahl, die von diesem Build von PHP unterstützt wird. **int(2147483647)** auf 32-bit Systemen und **int(9223372036854775807)** auf 64-bit Systemen. Seit PHP 5.0.5.
`PHP_INT_MIN`	`(int)`	Die kleinstmögliche Ganzzahl, die von diesem Build von PHP unterstützt wird. **int(-2147483648)** auf 32-bit Systemen und **int(-9223372036854775808)** auf 64-bit Systemen. Seit PHP 7.0.0. Üblicherweise ist: `PHP_INT_MIN === ~PHP_INT_MAX`.
`PHP_INT_SIZE`	`(int)`	Die Größe einer Ganzzahl in Bytes in diesem Build von PHP. Verfügbar. Seit PHP 5.0.5.
`PHP_FLOAT_DIG`	`(int)`	Die Anzahl von Dezimalstellen, die zu float und zurück ohne Genauigkeitsverlust gerundet werden können, seit PHP 7.2.0.
`PHP_FLOAT_EPSILON`	`(float)`	Die kleinste darstellbare positive Zahl x, so dass $x + 1.0 \mathrel{!=} 1.0$. Seit PHP 7.2.0.
`PHP_FLOAT_MIN`	`(float)`	Die kleinste darstellbare *positive* Fließkommazahl. Um die kleinste darstellbare *negative* Fließkommazahl zu erhalten, ist – `PHP_FLOAT_MAX` zu verwenden. Seit PHP 7.2.0.
`PHP_FLOAT_MAX`	`(float)`	Die größte darstellbare Fließkommazahl. Seit PHP 7.2.0.
`DEFAULT_INCLUDE_PATH`	`(string)`	Suchpfad für `Include`.
`PEAR_INSTALL_DIR`	`(string)`	Verzeichnis der PEAR-Packages.
`PEAR_EXTENSION_DIR`	`(string)`	Verzeichnis der PEAR-Erweiterungrn
`PHP_EXTENSION_DIR`	`(string)`	Verzeichnis der php_*.dll's
`PHP_PREFIX`	`(string)`	Wert, der für "--prefix" bei der Konfiguration angegeben wurde.

PHP_BINDIR (string)		Gibt an, wohin die Binärdateien installiert wurden.
PHP_BINARY (string)		Pfad der Binärdatei von PHP zur Skriptlaufzeit an. Seit PHP 5.4.
PHP_MANDIR (string)		Der Ort, an dem die manpages installiert wurden (seit PHP 5.3.7).
PHP_LIBDIR (string)		
PHP_DATADIR (string)		
PHP_SYSCONFDIR (string)		
PHP_LOCALSTATEDIR (string)		
PHP_CONFIG_FILE_PATH (string)		
PHP_CONFIG_FILE_SCAN_DIR (string)		
PHP_SHLIB_SUFFIX (string)		Die Dateiendung für dynamische Bibliotheken der Build- Plattform, beispielsweise "so" (die meisten Unix) oder "dll" (Windows").
PHP_FD_SETSIZE (string)		Die Höchstanzahl von Dateideskriptoren für select Systemaufrufe. Seit PHP 7.1.0.
E_ERROR (int)		Fehler-Konstante
E_WARNING (int)		Fehler-Konstante
E_PARSE (int)		Fehler-Konstante
E_NOTICE (int)		Fehler-Konstante
E_CORE_ERROR (int)		Fehler-Konstante
E_CORE_WARNING (int)		Fehler-Konstante
E_COMPILE_ERROR (int)		Fehler-Konstante
E_COMPILE_WARNING (int)		Fehler-Konstante
E_USER_ERROR (int)		Fehler-Konstante
E_USER_WARNING (int)		Fehler-Konstante
E_USER_NOTICE (int)		Fehler-Konstante

`E_RECOVERABLE_ERROR` `(int)`		Fehler-Konstante, seit PHP 5.2.0
`E_DEPRECATED` `(int)`		Fehler-Konstante, seit PHP 5.3.0
`E_USER_DEPRECATED` `(int)`		Fehler-Konstante, seit PHP 5.3.0
`E_ALL` `(int)`		Fehler-Konstante
`E_STRICT` `(int)`		Fehler-Konstante
`__COMPILER_HALT_OFFSET__` `(int)`		seit PHP 5.1.0
`TRUE` `(boolean)`		Siehe Boolesche Werte
`FALSE` `(boolean)`		Siehe Boolesche Werte
`NULL` `(null)`		Siehe Null
`PHP_WINDOWS_EVENT_CTRL_C` `(int)`		Ein Windows CTRL+C Ereignis, seit PHP 7.4.0 (nur Windows).
`PHP_WINDOWS_EVENT_CTRL_BREAK` `(int)`		Ein Windows `CTRL+BREAK` Ereignis, seit PHP 7.4.0 (nur Windows).

Magische Konstanten

`__LINE__`	Aktuelle Zeilennummer in einem Skript.
`__FILE__`	Der vollständige Pfad- und Dateiname einer Datei, wobei Symlinks aufgelöst wurden. Wird diese Konstante innerhalb einer nachgeladenen Datei verwendet, wird der Name dieser eingebundenen Datei zurückgegeben.
`__DIR__`	Der Name des Verzeichnisses, in dem sich die Datei befindet. Wird die Konstante innerhalb eines Includes verwendet, wird das Verzeichnis der eingebundenen Datei zurückgegeben. Nur beim Root-Verzeichnis wird der beendende Schrägstrich angegeben.
`__FUNCTION__`	Der Name der Funktion, oder `{closure}` für anonyme Funktionen.
`__CLASS__`	Der Name einer Klasse einschließlich Namen des Namespaces, in dem er deklariert wurde.
`__TRAIT__`	Der Trait-Name. Dieser enthält auch den Namespace, in welchem der Trait definiert wurde.
`__METHOD__`	Name der Klassenmethode.
`__NAMESPACE__`	Name des aktuellen Namespace.
`ClassName::class`	Vollständiger qualifizierter Klassenname. Siehe auch ::class.

Anhang IV – Vordefinierte Variablen

$GLOBALS	Referenziert alle Variablen, die im globalen Gültigkeitsbereich vorhanden sind.
$_SERVER	Array, das Informationen über Server und Ausführungsumgebung beinhaltet.
$_GET	Assoziatives Array mit HTTP GET-Variablen
$_POST	Assoziatives Array mit HTTP POST-Variablen
$_FILES	Assoziatives Array mit HTTP Dateiupload-Variablen via POST.
$_REQUEST	Assoziatives Array mit Werten von $_GET, $_POST und $_Cookie-Variablen.
$_SESSION	Sessionvariablen
$_ENV	Umgebungsvariablen
$_COOKIE	Assoziatives Array mit Variablen, die mittels HTTP Cookies übergeben wurden.
$php_errormsg	Die vorangegangene Fehlermeldung
$HTTP_RAW_POST_DATA	Raw POST-Daten
$http_response_header	HTTP Response-Header
$argc	Die Anzahl der an das Skript übergebenen Argumente
$argv	Array der an das Skript übergebenen Argumente

Anhang V – Daten-Typen

Boolean	(bool)	Wahrheitswert, 0 oder 1 bzw. true oder false
Integer	(int)	Ganzzahliger Wert 32Bit oder 64Bit (plattformabhängig)
Float	(float)	Gleitkommazahl
String	(string)	Zeichenkette (Array of Char)
Array	(array)	Datenstruktur mehrerer Daten
Iterable		Pseudotyp für aufzählbare Variablen (Arrays und Objekte)
Objekt		Zusammenhängende Code- und Datenmenge
Ressource		Referenz zu externer Ressource
NULL		Kennzeichnet undefinierten Wert
Callbacks Callables		Callback-Funktion oder Objekt

Bei den Typen Boolean, Integer, Float, String und Array sind Typumwandlungen bzw. Typfestlegungen durch Angabe der Klammerninhalte des entsprechenden Typs möglich. In einigen Fällen ist auch die Angaben der Klammerninhalte samt Klammer erforderlich:

Typfestlegung bei Funktionsparametern

```php
<?php
 function test($a, int $b, string $s) {
  return $a+$b;
 }
 echo test(1,2.567,'hello');
?>
```

In dem vorstehenden Beispiel wird als Ergebnis 3 ausgegeben (anstatt 3,567), denn der Parameter $b wird im Header der Funktion auf den Typ Integer festgelegt.

Typfestlegung bei Datenausgabe

```php
<?php
function test($a, $b, string $s) {
 return $a+$b;
 }
 echo (int) test(1,2.567,'hello');
?>
```

Im vorstehenden Beispiel wird erst bei der Ausgabe der Typ festgelegt, hier muss der Typ inklusive Klammer angegeben werden. Die Funktion gibt zwar 3,567 zurück, mit echo ausgegeben wird jedoch der Wert 3.

 Diese Vorgehensweise kann auch vor dem Abspeichern von Daten in einer Datei oder Datenbank genutzt werden, um Daten zur Sicherheit auf einen entsprechenden Typ zu setzen.

Typfestlegung bei Vergleichen

```php
<?php
$a = 1;
$b = 1.34;
    if ($a <> (int) $b) {
        echo '$a ist ungleich $b'; }
        else {
        echo '$a ist gleich $b';}
?>
```

In dem vorstehenden Beispiel wird die Typfestlegung bei einem Vergleich durchgeführt. Das Ergebnis ist hier:

```
$a ist gleich $b
```

Funktionen zum Testen von Variablentypen

Nutzen Sie die nachfolgend gezeigten Funktionen, die true oder false zurückgeben, um Konstanten und Variablen auf einen Typ zu testen.

```
is_int()
is_float()
is_string()
is_array()
is_bool()
```

Lösungen zu den Fragen der Lektionen

Hier finden Sie alle Antworten auf die Fragen am Ende jeder Lektion. Die Lösungen für alle Beispielprogramme in diesem Buch finden Sie auf der Internetseite www.merken-lernen-wissen.de. Sie können sie dort herunterladen.

Bitte loggen Sie sich vorher in den Leserbereich ein. Verwenden Sie dazu die folgenden Zugangsdaten: Benutzername: **Leser**   Passwort: **php2021**

Lektion 2
1. An der Dateiendung `.php`.
1. Wenn sich die Anweisungen/Text nicht innerhalb eines PHP-Tags befinden.
2. Ja, wenn man es in ein PHP-Tag einschließt.
3. Ja.
4. B.
5. Ja.
6. Wenn die Datei nicht gefunden wird.
7. Ja.
8. Das Skript wird beendet.

Lektion 3
2. `echo` und `print` und diverse Funktionen.
1. Um Strings miteinander zu verbinden.
2. Zur Ausgabe von Informationen.
3. Zur schnellen Ausgabe von Daten ohne Verwendung des echo-Tags.
3. Zeichenkombinationen, die mit `echo` oder `print` genutzt werden können, um bestimmte Sonderfunktionen verbunden mit der Datenausgabe zu gestalten.
4. Wenn sie innerhalb von Hochkommata verwendet werden.
4. Bei `print` können nicht mehrere Argumente mit Komma getrennt angegeben werden.
5. Keiner.

Lektion 4
1. Ja.
2. Ja, aber nicht empfohlen, Konstanten sollen immer großgeschrieben werden.
3. Wird in der Regel automatisch durchgeführt, ansonsten per Type-cast.

4. Mit keiner, geht nicht.
5. Vordefinierte Konstanten, die je nach Bedingung ihren Wert ändern können.
6. C.
7. Konstanten haben im gesamten Skript immer den gleichen Wert, Variablen können unterschiedliche Werte annehmen.
8. C.
9. Nur manuell im Code.

Lektion 5

1. A und B.
2. Mit.
3. Mit `$_Get`.
4. 40.
5. `zwei zwei 25`
6. `$a\n` und in der zweiten `hallo` (und neue Zeile im Quelltext).
5. Blau.

Lektion 6

1. Daten, die nur einen Wert haben können.
2. Mit Type-casting z. B. `$a= (int) 10.5;`
3. Max. 2GB.
4. Maximalwert 32Bit ist 2^{31} bzw. 64Bit 263.
5. Von jedem beliebigen.
7. `$n`
6. String.
7. `A` und `D`.

Lektion 7

1. `true`
2. C.

Lektion 8

1. Die `do-while`-Schleife.
2. Die `foreach`-Schleife.
3. Die Schleife wird beendet.
4. Der `elseif`-Block wird nur ausgeführt, wenn die Bedingung `true` ist.

Index

.html 25
.php 25
Abbruchbedingung 67
Algorithmen 15
Apache 19
Argumente 33
Array 46, 68
  assoziativ 47
  eindimensional 47
  Index 56
  Schlüssel 56
  Zeiger 68
ASCII-Zeichensatz 39
Aufgaben 42, 64, 72, 83
break 70
Browser 20
continue 71
Dateiendung 25
Datenausgabe 35
Datenbanksystem 19
Datenstrukturen 15
Datentyp 55
  Array 56
  boolean 55
  Callable 57
  Fließkomma 56
  Integer 55
  Iterable 57
  NULL 57
  Objekt 57
  Ressource 57
  skalare 55
  String 56
Datentypen 103
define 39, 40
DocumentRoot 21

Double 56
do-while 69
dynamisch 34
E_COMPILE_ERROR 28
E_WARNING 28
echo 33, 41
else 61, 62
endwhile 69
Escape-Sequenzen 34
FileZilla 87
Float 56
for 67
foreach 68
Formular 49
  Textfeld 49
Fragen 29, 36, 41, 51, 58, 64, 72
FTP-Client 87
Funktion 77, 78
  Bezeichner 77
  Ergebnis 78
  Optionale Parameter 80
  Parametern 79
  Parameterverweise 81
  Variable Anzahl Parameter 81
Ganzzahltyp 55
GET 49
Good Practice 91
goto 71
HTML
  dynamisch 34
HTML-Tags 26
include 27
include_once 27
include_path 27, 28
Kommentar 26
Konstante 39
  benutzerdefiniert 39
  echt 40
  literal 40, 46
  magisch 40, 99

vordefiniert 40, 95
Kontrollstrukturen 61
Lesbarkeit 45
LINE 41
Link 50
Literalkonstanten 40
localhost 20, 22, 49
MariaDB 19
MySQL 19
Objekt 68
Operatoren 93
POST 49
print 33, 34
print_r 35
printf 35
Programmierkenntnis 11
Programmierstil 71
Programmstruktur 25
Punkt-Operator 33, 36
Referenzvariablen 46
require 28, 29
require_once 28
return 71
Schleife 68
Schleifen 67
Schleifenzähler 67
Serverinstallation 87

Short 55
Short-echo-Tag 33, 36
skalar 55
Skripte
externe 27
Skriptsprache 19
string 104
String 34, 40, 46, 58, 94
switch 63
top-down 25
Type-Casting 57
Übersichtlichkeit 45, 48, 91
Variable
Anführungszeichen 46
extern 48
Konventionen 45
Referenzen 46
variabel 48
vordefiniert 50, 101
Vergleichsoperator 61
WeaverSlave 21
Webserver 19
while 69
XAMPP 19, 20
Zeichenkette 40, 47
Verknüpfung 33
Zeilennummer 41